緒方洪庵と適塾の門弟たち

人を育て国を創る

阿部博人 著

昭和堂

まえがき

アジア大陸の極東に赤唐辛子のように張り付いているとも言われる小国、日本。その歴史にあって日本は、アジアではタイとともに欧米の植民地とならず独立を保ち得た。タイの場合、英仏領に挟まれエアポケットのような条件が幸いしたという、地政学的な理由があげられる。日本の場合はどうだろう。日本も元寇など外国勢力にさいなまれた歴史はある。幕末期も、隣の大国、清国を蹂躙する欧米の力は、日本にとって大きな脅威であった。その力に揺さぶられながらも、日本は幾多の苦難を経て維新を成し遂げ、開国と近代化を成し得た。第二次大戦での敗戦という苦境も、日本は戦後の荒廃からの復興を経て、先進国として有数の経済大国となった。それはアジアに留まらず、世界史の奇跡といっても過言ではないだろう。運や偶然もあろうが、やはり日本の国力というものによろう。

近代を切り開き、その後世界に伍する近代日本をつくりあげた、明治維新前後の日本の国力とは何か。資源や軍事力、経済力ではない。それは人であった。政治、経済、科学、技術では欧米列強に劣ることを自覚しつつ、志高く、教養豊かで向学心にあふれ、東洋の思想の範囲にとどまらない、西洋の学問にも通じはじめた人材が少なからずいたことによる。

伝説の都市トロイアを信じてその発掘に成功したハインリッヒ・シュリーマンは日本について、「教育はヨーロッパの文明国家以上にも行き渡っている。シナをも含めてアジアの他の国では女たちが完全な無知のなかに放置されているのに対して、日本では、男も女もみな仮名と漢字で読み書きができる」と述べている（『シュリーマン旅行記清国・日本』）。

勝海舟などのすぐれた人材は江戸の幕府にもいたが、各地の諸藩にもいた。むしろ倒幕による新政府樹立にあっては、諸藩の人物が注目されよう。彼ら逸材を育んだのは、主に藩の上層部の子弟が通った藩校と、すぐれた師が指導し庶民も学んだ私塾である。さらには読み書き算盤を教えた寺子屋の存在も見のがせない。多くの私塾や寺子屋が、庶民も含んだ日本人全体の識字率を高め、文化の程度を高めていた。このような江戸時代後期の国内の素地があってこそ、一時の内戦状態と混乱を伴う、開国から新たな近代政権樹立までの激動の時代を乗り越えたのである。政権の中枢は「官軍」となった薩長主導の政府であったが、この明治維新で日本の近代化への歩みがはじまることとなる。

翻って現在、日本は国内的には莫大な財政赤字や社会保障制度の危機を抱え、対外的にはグローバル化や領土問題という大きな国難に面している。ずるずると有効な解決策も打てないまま、現下の問題を克服し未来への展望を描くことは難しい状況にある。時代的な困難を乗り越える道を見出すには、歴史に学ぶことに意義があろう。激動の昭和を生きた著名な批評家小林秀雄は自らの著書『本居宣長』をふりかえって、「宣長は歴史研究の方法を、昔を今になぞらえ、今を昔になぞらえ知る、そのような認識、あるいは知識であると言っている」（小林秀雄『直観を磨くもの』）と説いている。

ナチス・ドイツに抗しながらも生き抜いた哲学者カール・ヤスパースは、紀元前五百年頃を中心とする前後三百年を「枢軸時代」と名付けている。その時代には、中国では孔子と老子が生まれ、インドでは仏陀が生まれ、パレスチナではエリアにはじまる預言者たちが出現し、ギリシアではプラトン等があらわれた。この時代に東西にすぐれた思想家が相互に知り合うことなく輩出し、後のあらゆる人類の思想の根源となったとする（ヤスパース『歴史の起源と目標』）。なんらかの時代的な刺激が人々に及び、互いには直接関係のない、広い範囲で同時に、知性や意欲、活動が盛んになる「時代《とき》」があるのだろう。日本史にも幾多の節目がみられるが、近現代における大きな転換期は幕末維新と先の大戦からの復興であろう。まれに見る人材・英傑が輩出した時代は幕末維新を中心としてペリー来航前後から明治時代であり、まさに日本の「枢軸の時代」であるといえよう。幕末から維新に至る歴史の葛藤、序奏そして幕末維新があったからこそ、現代の日本はあるといえる。

本書では、蘭学と西洋の医療に卓越し、医師として仁医に尽くし、教育者として適塾を起こした緒方洪庵を中心に、医療、科学、技術、思想において近代日本を導き確立していった多くの人材を輩出した適塾を素描する。緒方洪庵と適塾の教えは、語学教育、医学をはじめとする科学と技術の教育のみならず、人間としてのあり方にも及び、そして、時代を超えて現代日本のものづくりをはじめとした実学のあり方にも警鐘を鳴らす。もちろん、緒方洪庵と適塾に関してはすでに多くの専門書や門下生の評伝などがさまざまに論じ描いている。本書はそれらの成果を踏まえつつ、専門書としてではなく、より多くの方に洪庵と適塾を知っていただき、現代における意義をわかりやすく伝えることを目的としている。

吉田松陰の松下村塾は有名でも、緒方洪庵の適塾は一部の研究者等を除きあまり知られていない。洪庵と適塾の専門的な詳細は別に譲り、本書では地方での人材育成という視点から、はじめにより広く幕末の私塾全般を俯瞰し、その上で緒方洪庵という人間と適塾の風景、そして、洪庵の蘭方医・蘭学者としての実践をわかりやすく解説する。最後に著名な門人について、特に洪庵と適塾の影響と塾生間の交わりに留意しつつ紹介し、現代へのいわば緒方山脈を追想する。

目次

凡　例

一　本書に出てくる地名、固有名詞などは、特に解説のないかぎり、その時代のままとしました。
一　引用文中での身分、職業、身体などに関する表現は、時代背景などを考慮し、原文のままとしました。

写真説明

一一頁：適塾に隣接する史蹟公園の緒方洪庵像／一五頁：黒船来航を描いたリトグラフィー（部分）／四七頁：解体新書／五七頁：現在の適塾／六九頁：適塾二階の大部屋（現在）／九三頁：医師番付表／一〇一頁：病学通論／一二一頁：大阪除痘館跡を記すプレート／一三七頁：『虎狼痢治準』／一四五頁：江戸城地図／一五九頁：福沢諭吉／二一八頁：ヅーフ部屋（現在）

プロローグ

江戸時代末期、幕末の頃、清らかに気高く生きた人がいた。緒方洪庵である。洪庵は医師、医学者、教育者として知られ、不朽の事績を遺した。しかし、その栄誉ある人生にもかかわらず、決して名利を求めることはなかった。

医師の教訓を記した十二箇条の第一条で次のようにいっている。

> 医の世に生活するは人のためのみ、己がためにあらずということをその業の本旨とす。安逸を思わず、名利を顧みず、ただ己を捨てて人を救わんことを希うべし。

厳しい戒めであり、医師に限らず、広く職業倫理を説くものとなっている。洪庵は実際に他者への奉仕に生ききった。

洪庵は現在の岡山市の西北方に位置する足守藩の藩士に生まれた。

幼少より病弱で、武士には向かず、むしろ学を好み、やがて医師を志すようになる。物事をより深く考えるようになり、病気がちであったことから、人間の体の成り立ちや病気の克服に関心を寄せるようになったのである。

当時は漢方医学が主流ではあったが、西洋医学が最新の医学として注目されるようになってきていた。それは鎖国政策下、長崎の出島を小さな窓として入ってきたオランダの医学、すなわち蘭学・蘭医学であった。洪庵は大坂、江戸、長崎で学んだ。学資に乏しく苦労しながらも、大家に師事し、基礎を固め、知識と技術を吸収していった。修業を終えた後、二十九歳の時に大坂で開業し、結婚した。そして、子弟を育てるため塾を開いた。それが適塾である。

医師として、患者の身分や貴賤を問わず診療にあたり、その評判が高まり、大坂一の名医となる。天然痘とコレラの猛威に立ち向かい、西洋医学者としても考究を重ね、日本医学の発展に大きく貢献した。その洪庵の名を後世にまで伝わるものにしたのは、やはり、適塾での人材育成という業績である。

現在の大阪市中央区北浜三丁目に蘭学塾として保存・公開されている塾舎は、商家のようなつくりで、かつて緒方家の一家が住み、二階大部屋では内塾生が寄宿し常時百名ほどが学んだ。塾生名簿には六百名を超える署名があり、総じると千数百人が学んだとも言われる。著名な門下生に、近代兵制を確立した大村益次郎、慶応義塾を創設した福沢諭吉、日本赤十字社を設立した佐野常民らがいる。町医者、武士、町人という、当時としては異なる身分に属する庶民の子弟が集ったが、身分制社会にあっても適塾では平等であり、優秀な塾生の塾頭以下、自由闊達な塾風の中で、自主的・主体的に蘭学・蘭方医学が学ばれ、実力主義で評価された。塾生は、塾に一冊しかない貴重な蘭和辞典を奪い合うように引いて、オランダ語の原書を学んだ。医学に限らず、物理や化学の文献も読まれ、実験や解剖も行われた。

洪庵は蘭学の大家となった後も、英学（オランダからの蘭学に対して、英語などイギリス系情報・知識）の隆盛を予見し、自ら「老武者《おいむしゃ》」と称して門下生に教えを請い、なお学ぼうとした。その予見は諭吉らによって具現化し、日本の文明開化を前進させる。

洪庵はやがて将軍奥医師に招聘される。殿と呼ばれ大名なみの地位となる大変な名誉の奥医師を再三断るが断りきれず、「ありがた迷惑」といって江戸に赴くこととなる。しかし、緊張感を強いられる将軍家と幕府要職の診療と、慣れない江戸での生活のせいか、翌年に急死してしまう。

洪庵が師から受け継ぎ塾生に伝えた学問と実践は、日本の近代化において大きく結実した。門下生は、医学、広く科学、技術、そして思想といった分野で明治時代を切り拓き、今日にまで至る人づくり、ものづくり、そして、国づくりの大きな礎を築いた。「人のため、道のため」と繰り返し訴える使命感、弱者に味方し面倒見のよい温和な人柄、蘭学への深い見識と実践が、門下生の心に響き、行動を導いた。

そして洪庵の作り上げた適塾での、言語と内容を同時に学ぶ語学教育、上級生による指導と塾生間の親交と切磋琢磨、幅広い学習内容は、現代における教育のあり方にも確かな指針を示している。

洪庵と適塾は、幕末の荒々しい時代の波を越えて、現代の私たちにもさまざまに語りかけているのである。

第一章　幕末の学舎——適塾と交叉する知の時空

明治という維新が成り、富国強兵と殖産興業という国家目標を急速に成し遂げ、苦しみながらも日清戦争と日露戦争に勝利し、欧米先進国の仲間入りを果たし得た日本。それを支えたのは、江戸時代を通し幕末に至るまでの徳川幕府と各藩、そして民における、つまりは日本国内全般における教育の充実にあったことが指摘される。しかし、福沢諭吉のいう「文明」あるいは「科学技術」という面では、大きく遅れていた。

幕末は嘉永六年（一八五三）六月三日のペリー来航にはじまるが、この黒船騒動は「泰平の眠りをさます　正喜撰《しょうきせん》　たった四杯で　夜も眠れず」と狂歌に詠われた。正喜撰とはカフェインを多く含む高級茶で、アメリカ東インド艦隊の

軍艦「蒸気船」をひっかけている。浦賀沿岸の住民のみならず、天下泰平の眠りからさまされた幕藩の狼狽ぶりをあらわした狂歌である。西洋の四隻の軍艦が示した「科学力」は、日本の安眠を奪うには十分であった。

維新を挟んで戊辰戦争《ぼしんせんそう》、西南戦争というい わば内乱が起こったものの、それに乗じた列強による植民地化の圧力を避けて独立は保たれ、開国、そして近代化へと日本は急速に歩んでいく。欧米の思想や科学技術を受容し、さらにそれを日本で発展させていったのは、日本人の開明へと適合する人間性と志、そして高い識字率等の教育力であったと考えられる。その教育力を担っていたのが、江戸時代の藩校、私塾、寺子屋であった。ここでは、その実際をいくつか紹介し、当時の日本各地の教育力についてみてみたい。

▼一▲佐久間象山の文武学校

洋学の一巨頭

吉田松陰《よしだしょういん》がペリーの船に乗り込もうとして捕らえられた下田密航事件に連座して、松陰の師の佐久間象山《さくましょうざん》（ぞうざんともいう）は松代（現・長野市松城町）に蟄居の身となった。象山は文化八年（一八一一）、松代藩の下級武士の長男に生まれ、その聡明さに神童と言われ、また、手に負えぬ腕白小僧でもあった。二十三歳の時に江戸への遊学が許されて佐藤一斎《さとういっさい》に学び、渡辺崋山《わたなべかざん》や藤田東湖《ふじたとうこ》らと親交を深めた。三年で藩に戻り、城付月次《つきなみ》講釈助として藩の子弟に経書や漢学を教えた。この間に第八代藩主の真田幸貫《さなだゆきつら》に藩校の整備などを提言した「学政意見書」を提出している。天保十年（一八三九）二十九歳で再び江戸に遊学し、神田お玉が池に塾を開き（象山書院あるいは五柳精舎《ごりゅうしょうじゃ》ともいう）儒学を教える一方、江川坦庵《えがわたんあん》に西洋式砲術を、坪井信道《つぼいしんどう》に紹介された坪井塾塾頭の黒川良安《くろかわまさやす》にオランダ語を学んだ。藩主真田幸貫は天保十二年（一八四一）に幕府の老中となり、翌年には海防掛に任命された。象山は海防掛の顧問に起用されると、西洋の事情を調査し、オランダ貿易における銅の輸出を禁じ洋製の大砲や艦船をつくることなどを急務とした「海防八策」を上書した。その後、象山はいったん帰藩し、植林や温泉資源の開発に注力した。また、十八世紀初頭にフランス人牧師ショメールが編纂した『百科辞典』十六冊を金四〇両という大金を藩から出してもらい購入し、これら洋書の知識により大砲・電信機・写真機・望遠鏡等をつくった。さらに、後述する辞書『ドゥーフ・ハルマ』を増補訂正し、藩版として広く普及しようと図るも幕府により許されなかった。嘉永四年（一八五一）からは江戸木挽町《こびきちょう》に塾を開き砲術を教授した。その塾では、勝海舟、坂本龍馬、吉田松陰、小林虎三郎《こばやしとらさぶろう》、橋本左内、河井《かわい》継之助《つぎのすけ》、山本覚馬《やまもとかくま》らが学んだ。松陰には論語を熟読することをすすめている。開塾の翌年、勝海舟の妹順子を象山は嫁に迎えている。

この頃、藩には海軍設置を提言し、書斎を「海舟書屋」と名付け、自ら筆をとって扁額にして掲げていたが、松代蟄居の際に門弟の勝安房《あわ》（後に安芳《やすよし》）にその扁額を与えた。以後、勝は号を海舟とし、象山の意志を受け継ぎ、海軍創設に尽力する。嘉永六年（一八五三）に浦賀にペリーが来航した際に、象山は藩の軍議役として横浜警備にあたっている。そして、横浜開港を主張した。松陰に連座した松代での蟄居は四十四歳から九年に及ぶも、その間、松陰の密使として高杉晋作や久坂玄瑞、あるいは中岡慎太郎らが訪れている。元治元年（一八六四）には幕府の命で京都に上り、一橋慶喜らに意見を具申し公武合体開国を説いた。しかし、同年七月十一日京都木屋町にて攘夷派の凶刀にたおれた。五十四歳のことである。

傲岸不遜の傑物で、松陰ら門弟を開明思想に導き、「西に西郷、東に佐久間」と評された象山は、どんな時どんなところでも堂々と持論を述べて憚らず、常に西洋馬具を好んで乗馬したという。

東洋道徳　西洋芸術

象山の思想は「東洋道徳　西洋芸術」と言いあらわされている。江川坦庵に西洋砲術を学んだ後、自ら大砲や鉄砲を開発し、エレキテル（電気治療器）や地震予知機をつくった。日本で初めて電信機をつくり、藩の御使者屋と鐘楼の間約五〇メートルに電線を架設し、通信の実験に成功し、日本電信のはじまりとされる。現在この地は日本電信発祥遺跡として公開されている。
後述するように、蘭方医の薬箱は漢方医に比べガラス瓶が多かった。液体や流動性のある薬剤の貯蔵が目的で、密閉して空気が入らないようにすることで、薬剤の変質を防ぐことができた。ガラス瓶を薬の保存に最初に用いたのは徳川家康とも言われ、久能山東照宮には家康所有のガラス瓶が三点残されている。ガラス製の薬瓶が本格的に登場するのは、博物学で知られるドイツ人医師シーボルトが、多くの薬とガラス瓶を持って来日して以降である。十八世紀になると日本全国でガラスが製造されるようになったが、江戸の加賀屋というガラス屋が薬籠用瓶を販売していた。耐酸性の高い硬質ガラスは当初輸入に頼っていたが、国内でも製造が試みられ、佐久間象山はショメールの『百科辞典』によってガラスの製造を試み成功している。

西洋人とても三面六臂《さんめんろっぴ》もこれなく、矢張り同じ人にて、本邦人なりとて片端者《かたわもの》にはこれなく候えば、よくその書を読み考えをつけ候はゞ、必ず同じ様に出来候はんと存じ取掛り候所、果たして何の苦も候はず出来申候。

象山は西洋人も日本人も同じ人間であり、西洋人に出来ることが日本人に出来ないはずはないと豪語し、オランダのものかと思われるほど舶来品に劣らぬ玻璃（ガラス）の「製薬の器」ができたと、得意満面であった。象山はガラスの製造と利用に大きく貢献し、日本ガラス工業の草分けとも評されている。

また、象山はすでに蘭書より種痘法を知っていたが、肥前藩主がオランダから牛痘種を輸入したことを聞き、早速それを入手し息子の恪二郎に接種を試み、さらには親しい人へも実施している。

このように象山は西洋の知識を吸収し先駆的にその科学を取り入れたが、洋学は技術器械をきわめたものと評するのみであった。儒学の大家佐藤一斎に学ぶも陽明学には反対し朱子学を重んじた象山は、政治論に関しては西洋的なものは受け入れなかった。「科学」における西洋の取入れとはうらはらに、琴と書をきわめ、漢文の名文を数々残している。

文武学校

象山が、敬愛していた藩主真田幸貫に創立を提言した文武学校は、第九代藩主真田幸教《ゆきのり》がその意志を受け継ぎ、嘉永六年（一八五三）に建物が完成し、安政二年（一八五五）に開校した。儒学中心の藩校から近代的学校建築への過渡期の建物であり、漢学の文学所、漢方医学や西洋医学などの講義が行われた西序、剣術所、柔術所、弓術所、槍術所などから成る。

明治元年（一八六八）に文武学校に招かれたのが、大阪で緒方洪庵に蘭学を学び、江戸で象山に兵学と砲術を学び、箱館の五稜郭を設計した武田斐三郎《たけだあやさぶろう》であった。斐三郎は象山に連れられて浦賀で黒船を見ている。フランス式の兵制に詳しい斐三郎の指導で文武学校の中に兵制士官学校がつくられ、廃藩置県の行われた明治四年（一八七一）にいったん廃校されたが翌年には西洋兵学寮士官学校がつくられ、廃藩置県後は近代の学校としてつかわれた。

文武学校がつくられた松代では、象山のもと、漢学と洋学、佐幕と倒幕、開国と攘夷が交叉している。象山は文化八年（一八一一）の生まれ、洪庵は文化七年（一八一〇）の生まれである。

文武学校は後に松代小学校の校舎にもなり、昭和二十八年（一九五三）に国の史跡に指定される。長野県は教育県としても知られているが、その歴史には象山、文武学校の脈絡も認められよう。

▼二▲吉田松陰の松下村塾

兵学師範としての歩み

象門の二虎と呼ばれたのが吉田松陰（寅治郎）と小林虎三郎であった。象山はそれぞれを「義《ぎ》卿《けい》（松陰）の胆略、炳文《あきぶみ》（小林）の学識、皆稀《まれ》世の才なり。但し天下の事を為すは吉田子を可とし、我が子を依託して教育せしむは独り小林子を可とするのみ」と評した。松陰の師は家学である兵学の「先師」山鹿素行《やまがそこう》と「頗《すこぶ》る豪傑卓異の人」と評する「我が師」佐久間象山であった。

下田密航に失敗した松陰は江戸送りとなり、さらに、萩へ護送される。現在でも旧跡として残る旧野山邸を獄舎とした野山獄に投じられたが、過酷な獄舎にあっても孟子を講じた。その後、自宅幽閉となっても講義を続けたが、やがて叔父の玉木文之進《たまきぶんのしん》の私塾を引き継ぎ主宰することとなった。幕末の志士を輩出した松下村塾である。

松陰は、長門萩の寡黙で篤実な、学問を好んだ下級武士、杉百合之助《すぎゆりのすけ》の次男として生まれ、父の次弟で山鹿流兵学師範の吉田家を継いだ大助の養子となった。大助が病没し、松陰は六歳で吉田家の当主となった。父の末弟で質実剛健の勤皇家である叔父の玉木文之進（乃木希典が学んだ。乃木は玉木から松陰の半分も学べばよいと教えられた。子弟や門弟の萩の乱への参加の責任を取り自害）が家塾を開いたのが松下村塾のはじまりであり、松陰と兄梅太郎も学んだ。文之進らの厳しい教育もあり、松陰の神童ぶりは城下の話題となった。兵学師範として一本立ちをする頃から諸国で見聞を広め、象山に出会う。

松下村塾の理念と教育

松下村塾の理念は、人たる所以《ゆえん》（人物の条件）を知り、華夷《かい》の弁《べん》（日本と外国の違い）を明らかにすることにあった。松下村塾には下級武士や商人の子弟が多く集まり、松陰は志を高め気を盛んにするべくその心に訴えた。入門を希望する者には「教授は能はざるも、君等と共に講究せん」と答え、自身への師事は求めず同志として迎えた。教科書には中国や日本の歴史書、毛利藩史に関するものがよく取り上げられ、禁書であった尊皇攘夷を説いた水戸の会沢正志斎《あいざわせいしさい》の『新論』や、農業・経済に関するものも講じられた。塾の壁には松陰自ら作成した「九数乗除図」がかけられ、世界地図もしばしば用いられた。訪れた塾生次第で講義や対読となったり、途中で教科書を代えたり、師弟、興がのれば徹夜ともなった。松陰は決して尊大ぶらず、自ら模範を示し、塾生が読書や抄録をしていると、「ちょっと借せ、書いてやろう」と評や註を書き込み、細かなところに及ぶ丁寧な授業をした。近くの松本川で水泳をし、剣術や銃陣訓練も行った。規則といったものもなく、自主、平等の塾風であった。

自非読万巻書　寧得為千秋人
自非軽一己労　寧得致兆民安

万巻の書を読むに非ざるよりは、
寧んぞ千秋の人たるを得ん。
一己の労を軽んずるに非ざるよりは、

寧んぞ兆民の安きを致すを得ん。

これは孟宗竹に彫り込まれ松下村塾の柱に掲げられた左右一対の松下村塾聯《れん》であり、知行合一を説く松陰の思想の真髄を示す。松下村塾は漢学と兵学の学塾でありながらも、次第に天下国家を論じ、「同志と力を戮《あわ》せ心を協《かな》へ、正義を村塾に唱へ、以て国脈を培養し、天下を維持すべし」と、倒幕へと檄を飛ばすようになる。

しかし、松陰はやがて安政の大獄に巻き込まれ、江戸へ送られる。松陰の同囚に適塾で学んだ橋本左内がいる。松陰はそれまでに左内と面識を持てなかったことを嘆き、左内も思いは一緒であった。

「身はたとひ武蔵の野辺に朽ちぬとも留め置かまし大和魂」の一句にはじまる門人への遺言である『留魂録』を著し、安政六年（一八五九）十月二十七日、松陰は従容として首を斬たれた。享年三十歳。松陰門人はその処刑に激昂したが、久坂玄瑞は「何も先師の非命を悲しむこと無益なり。先師の志を墜さぬ様肝要なり」と言い、村塾の復興と同志の団結を図り、門人はやがて倒幕に突き進む。

志を受け継いだ門人

松門の竜虎は久坂玄瑞と高杉晋作。玄瑞は禁門の変で闘死。玄瑞の兄の玄機は適塾で医学を学ぶも病没。松陰の草莽崛起論《そうもうくっきろん》は晋作の奇兵隊に結実し長州藩を救うこととなる。松門の四天王は玄瑞、晋作に加えて、池田屋騒動で奮戦するも自刃した吉田栄太郎、禁門の変で闘死した入江杉蔵である。

松下村塾で学んだ者のうち、初代総理大臣の伊藤博文、第三代総理大臣の山県有朋、司法大臣等の山田顕義、殖産興業に寄与し内相となった品川弥二郎、内務大臣・逓信大臣等を務めた野村靖など、明治新政府で要職をきわめた成功者はむしろ少なく、多くは倒幕の非命に斃れた。

塾舎は松陰の実家である杉家邸内の小舎を修補したもので、八畳一間に門人による塾舎増築工事が行われ、合わせて十八畳半であった。塾生は安政三年（一八五六）三月から野山再獄までの約二年十ヵ月に約二百名と数えられる。松下村塾は学塾でありながらも、松陰の刑死で完結した、倒幕への「同志の会所」であった。松陰の『講孟箚記《こうもうさっき》』は今日まで孟子講義の名著と伝えられるが、このほか短い後半生において奔走しつつ認《したた》めた漢詩、晋作や玄瑞らを鼓舞した名文による膨大な書簡等も残っている。これらを収載した吉田松陰全集は、別巻合わせて十一巻にも及ぶ。

因みに、緒方洪庵をはじめ、主な幕末の思想家、志士、適塾門下生の生没年を記すと次のとおりとなる。

緒方洪庵　一八一〇――一八六三
佐久間象山　一八一一――一八六四
勝海舟　一八二三――一八九九
佐野常民　一八二三――一九〇二
大村益次郎　一八二五――一八六九
武田斐三郎　一八二七――一八八〇
西郷隆盛　一八二八――一八七七
吉田松陰　一八三〇――一八五九
大久保利通　一八三〇――一八七八
木戸孝允　一八三三――一八七七
大鳥圭介　一八三三――一九一一
橋本左内　一八三四――一八五九
福沢諭吉　一八三五――一九〇一
坂本龍馬　一八三六――一八六七
高松凌雲　一八三七――一九一六

長与専斎　一八三八——一九〇二
高杉晋作　一八三九——一八六七
伊藤博文　一八四一——一九〇九
山田顕義　一八四四——一八九二

緒方洪庵が最年長で佐久間象山とほぼ同時期を生き、武田斐三郎が吉田松陰よりも年上であることが意外に思われる。伊藤博文は松下村塾の年少者で、大鳥圭介ら適塾門下生は旧幕府方で維新前後に苦労したにもかかわらず、長生きしたことがわかる。

▼三▲ 広瀬淡窓の咸宜園

およそ五十年にわたり門弟約三千人を育てたのが、広瀬淡窓《ひろせたんそう》（一七八二—一八五六）の咸宜園《かんぎえん》であり、江戸後期最大の私塾と言われる。淡窓は豊後国の日田（現在の大分県日田市）の商家の長男に生まれ、幼少より秀才ぶりが評判であったが病身で家業は継がず、家督を弟の三男に譲った。学問にすぐれ、儒学で身を立てることにしたのである。福岡の儒学者に学ぶなどして、文化二年（一八〇五）に町内の寺の学寮を借り受け講業を開始し、独立の塾の構築と講業の本格化を経て、文化十四年（一八一七）に新築した学舎に移り、咸宜園と称した。咸宜とは「詩経」の「咸（ことごとく）宜《よろ》し」が出典とされ、「ことごとく、みなよろしい」とは淡窓の教育精神をあらわしている。

三奪の法と月旦評

塾名にあらわされているように、身分制社会でありながらすべての人に開放され、いかなる人物も入門でき、中途休塾も許され、自由闊達な塾風であった。

塾の性格を示すのは、まずは入門時の三奪《さんだつ》の法である。第一に入門の時に年齢の高下を問わず、入門時の先後を以て長幼の序とした。第二には入門までにどのような師に就いてどのような学問をしてきたかを問わない。第三に社会における地位、身分を問わない。この年齢、学歴、身分のすべてを奪って、入門時には同一の線に並び、その後の塾中の成績いかんによって進級が決まっていくというのは、淡窓のいわば身分制社会に対する挑戦ともいえる。過去の学問での名声や業績は咸宜園では意味を持たない。本人と父兄の社会的身分、地位も一切問題にしない。封建社会においてはこの平等性、階級の否定はきわめて画期的なことであった。

入塾者は僧侶（全体の約三〇パーセント）、武士（同五パーセント）のほか、医者、商家、農家、神官などさまざまで、当時世間では知識は不要とされた女性の入門者も二名いる。

三奪の法とともに咸宜園の評判を高めたのが、入門後の月旦評《げったんひょう》である。入門時は同等であっても、その後の勉学、努力による成果は毎月明白に評価される。毎月の月例試験を受けて在席の次第が知らされるのである。これが月旦評である。塾の全課程は無級から九級の十段階で、淡窓の晩年には各級とも真と権《ごん》の上下に分かれた。読書（素読）や詩文等と学科課程が定められ、各級の全課程を修了するまでを権とし、厳しく評価され厳密な各級毎の学科課程が修了すると権が消えて真となり上級に進む。この消権のため全塾生は懸命の努力をする。最上位の九級に到達し全課程の修了となる。塾生のいわば最高指導を都講という。この開かれた公平な成績制度が咸宜園の教育の充実、評判につながった。

淡窓作の「いろは歌」に、「鋭きも鈍きもともに捨てがたし、錐《きり》と鎚《つち》とに使い分けなば」とあり、「ことごとくよろし」とともに、個性教育を重視したことがうかがえる。

塾の運営費は、塾生からの束脩《そくしゅう》（入門料）と夏と冬の礼金などによって賄われていたが、師家である商家の貸付金の運用益等もあり、淡窓没後には遺金約一五〇〇両が繰り越されている。広瀬家は日田代官の信頼を得て用達として繁栄したが、反面、代官から咸宜園への干渉も受けた。その難を逃れるため、淡窓の末弟の旭荘《きょくそう》が淡窓の養子として塾政にあたった時期もあった。

職任と放学

広瀬淡窓の教えた門弟約三千人、淡窓没後明治期までを含めると四千百名を超える塾生は、年間平均約八五人が入門していた。外塾生、帰郷中の門生を除く居家の在塾生は淡窓最盛時には約百人であった。淡窓の塾生の掌握、教育組織力も高く評価される。

咸宜園の特徴の一つに、職任（分職ともいう）がある。これはその成績を示す在級に応じて、塾生活の各面でのいわば職務分掌が厳格になされていたものである。上は都講、副監（副都講）、舎長から下は塾舎の清掃係まで職任があり、毎月の月旦評の結果により替えられた。都講を頂点とする勉学と生活の秩序が淡窓の塾運営を支えた。

厳しい月旦評と厳格な職任で勉学と生活が律せられてはいたが、息抜きもあった。放学である。淡窓は病弱で体調がすぐれず、その日記には頭痛、腹痛、歯痛、発熱悪寒、眼の痛みなどに苦しむ様子が見られ、安眠できない日も少なからずあった。官府への出講と講業に懸命に努めたものの、休講を余儀なくされることもたびたびであった。淡窓はそのような不快な病状に対して、塾生と散策に出かけるなどして気分転換を図り、病状の小康を得ようとした。そして、月に一日か二日、放学として塾生を勉学から解放し、親交と気晴らしに山野を歩き、渓流に遊び、花見をし、酒肴を楽しんだ。塾生が大帰《たいき》（卒業）して帰郷する折にも飲食を楽しみ、師家からふるまう場合もあり、塾生の希望で放学となることもあった。淡窓は体調がよければ塾生につきあった。

このような放学で、塾生は毎日の厳しい勉学と規律から自由になり、日常の鬱積が解消され、翌日から学業に励むことができた。淡窓の塾運営、塾生指導の巧みさといえよう。哲学者の故今道友信氏は現代における新しい徳目の創造として、エウトラペリア（気分転換）をあげる。これはアリストテレスが『ニコマコス倫理学』で徳目の一つとしてあげていたもので、今道氏は現代で忘れられ放置されていた徳目であり、「巧みな転換」「むしろ幸福に向けて気分を転換する考え方」とし「それはむしろ、第一に自己統禦の徳目の一つとして、芸術や想像力のひろがりの中に、機械のしがらみや人間組織のからくりに閉鎖された自己を開放させることであり、そして他人をそこに誘うような知的な徳目になるでしょう」と述べている（今道『生圏倫理学入門エコエティカ』）。淡窓の放学はまさにアリストテレスと今道氏の説く意味での気分転換にほかならない。

淡窓の詩作と儒学思想

淡窓は詩を愛し、詩作し、「詩は情より出るものなり」と詩作の意義を説き、「詩を学ばしめば、自然と情を生ず」と情操教育と人間形成に詩作を重視した。頼山陽《らいさんよう》、菅茶山《かんちゃざん》とともに、江戸時代後期の三大詩人と呼ばれ、九州の産んだ最高の詩人という意味で「西海《せいかい》の詩聖《しせい》」とも評される。詩会をたびたび催し、頼山陽とは詩を贈答し交遊した。

休道他郷多苦辛　同袍有友自相親
柴扉暁出霜如雪　君汲川流我拾薪

道《い》うことを休《や》めよ他郷苦辛《たきょうくしん》多しと。同袍《どうほう》友有り自《おのずか》ら相親《あいした》しむ。
柴扉《さいひ》、暁《あかつき》に出《い》づれば、霜《しも》、雪《ゆき》の如し。君は川流《せんりゅう》を汲め、我は薪《たきぎ》を拾わん。

これは淡窓の詩のうち最も有名な詩で、「休道詩《きゅうどうし》」とも称される。諸国から勉学に集まった塾生たちの家郷を離れた寂しさを想い、お互いに同志を慰め合い助け合う生活が巧みに詠まれ、他郷に遊学している塾生を我が子のように慈しむ情景が描かれている。

教授にあたる淡窓の儒学思想はいかなるものであったか。淡窓は儒学一般に通じ、学説・学派へのかたよりはない。自分の死後、門下生が自分の碑文を書くのに褒めすぎるを嫌い、自ら作ったその墓文には「その学は大観を主とし、人と同異を争わず、旁《かたわら》に仏老を喜ぶ。世に称して通儒と曰う」とある。淡窓の遺著は多方面にわたり、三十種、百数十冊にも及ぶ。古学よりも朱子学を肯定する一方、古学の方法も認める。また、老荘思想にも大いに関心を持ち、先行の諸思想を学派の相違を超えて自在に取り入れている。その中核は敬天であり、天命であり、老子に行き着き、易へと至った。

著名な門人たち

著名な門弟としては高野長英と大村益次郎らがいる。大村益次郎は咸宜園で学び、そして適塾へ赴いた。また、福岡黒田藩の医家に生まれた武谷祐之《たけやゆうし》（椋亭《りょうてい》）は、咸宜園で都講を務めた後に、適塾で洪庵に蘭学と蘭方医学を学び、帰郷後は藩主黒田長溥《くろだながひろ》に仕え、種痘を行ったほかコレラの予防薬も製造し、藩の近代化に貢献した。長濱公は大坂で洪庵の診察を受けている。

淡窓を助けた末弟の旭荘は大阪で儒学の塾を開き、三歳年下の緒方洪庵と親密に交わった。旭荘塾から適塾に移った門人もいる。坪井信道は文化十年（一八一三）十九歳の時に日田に赴き医学を学んだが、三十二歳の淡窓と出会いその薫陶を受けている。二年日田で過ごし、一度江戸に戻るも文化十三年秋から十四年春にかけて再び日田に行き、まだ十一歳のすぐれた旭荘を知った。のちに信道は旭荘を江戸に迎え、そして息子の信友《しんゆう》を大坂の旭荘塾に学ばせ、信友はまた洪庵に学ぶ。旭荘は佐久間象山とも会っている。

なお、弟子ではないが淡窓と交遊した頼山陽《らいさんよう》の三男の頼三樹三郎《らいみきさぶろう》は吉田松陰、橋本左内らとともに安政の大獄で処刑され、京都円山公園裏の長楽寺、東京世田谷松陰神社では松陰とともに永眠している。

▼四▲さまざまな藩校と私塾――現代にもつながるその命脈――

藩校は藩の師弟を教育するための学校であり、岡山藩主池田光政が寛文九年（一六六九）に設立した岡山学校（または国学）がはじまりである。徳川家光時代までの武断政治から文治政治へ転換してゆくなかで、藩政改革のための人材育成を目的に、一七五〇年代から一八〇〇年代中頃にかけて多く設立された。その数は二百とも三百とも言われる。代表的な藩校として、会津藩の日新館、米沢藩の興譲館、水戸藩の弘道館、吉田松陰が学び兵学を教えた長州藩の明倫館、佐賀藩の弘道館、熊本藩の時習館、薩摩藩の造士館などが知られる。藩校では四書（儒学の基本である大学、中庸、論語、孟子）などの漢学の読み書きのほか、剣術・槍術などの武芸、江戸後期には蘭学も学ばれた。

会津藩の日新館

会津藩の日新館は古くからの庶民のための学問所にはじまり、享和三年（一七八九）に文武両教科の総合的な教育を行う全国有数の藩校として完成をみた。水練所（いわばプール）は長州藩の明倫館とともに最も古い。会津戦争で壮絶な最期を遂げた藩上級武士の子弟、十六、十七歳の白虎隊もここで学んだ。山本覚馬は日新館で文武を修め、佐久間象山に西洋砲術を学び、帰藩後は藩の軍政近代化に努めた。いわば賊軍にいた立場ながら西郷隆盛らの尊敬を集め、明治維新以後は京都で要職を務め、新島襄の同志社創立にも助力した。

仙台藩の明倫養賢堂

高野長英は仙台藩の出身であるが、仙台藩の明倫養賢堂は文化十四年（一八一七）に医学部門を分離し、文政五年（一八二二）には蘭科として日本最初の西洋医学講座を開設した。東北大学医学部はその後身である。

水戸藩の弘道館

水戸藩の弘道館は第十五代将軍の徳川慶喜《とくがわよしのぶ》の父である第九代藩主徳川斉昭《とくがわなりあき》によって天保十二年（一八四二）に設立された。第二代藩主の徳川光圀《とくがわみつくに》がはじめた日本通史の『大日本史』編集に見られるように一般に日本古来の伝統を追求するいわゆる水戸学の発祥の地である。弘道館は文武両道で、朱子学を中心とする漢学から広く天文学や算数など自然科学や医学まであり、今日の総合大学にも譬えられる。その規模は、金沢の明倫堂（一万七千坪）、萩の明倫館（一万四千坪）、幕府の昌平黌（一万一千坪）に比べ五万四千七十坪とはるかに大きい。設立の趣旨は藤田東湖《ふじたとうこ》の草案に基づき、会沢正志斎、幕府儒官の佐藤一斎らの意見を加え、斉昭公名で『弘道館記』として発表された。最後の将軍慶喜もここで学び、明治元年にここに蟄居した。弘道館は水戸をはじめ佐賀などいくつかの藩校名となっているが、『論語』衛霊公第十五の二十九「子曰、人能弘道、非道弘人也」（子曰《のたまわ》く、人、能《よ》く道を弘《ひろ》む。道、人を弘むるに非《あら》ず）を出典とする。

水戸の「衆と偕《とも》に楽しむ」という意味の偕楽園《かいらくえん》は、金沢の兼六園《けんろくえん》、岡山の後楽園《こうらくえん》とともに日本三公園として知られるが、弘道館の付属施設でもあった。弘道館が厳しい文武修行の場であったのに対し、偕楽園は修行の余暇の休養の場であった。

なお、西郷隆盛は仕えた島津藩主斉彬《なりあきら》の密書を水戸の徳川斉昭に伝え、尊敬する藤田東湖にも会い教えを受けた。吉田松陰は教授頭取の会沢正志斎にやはり水戸で学んでいる。藤田東湖の「正気歌《せいきのうた》」は幕末の志士を鼓舞し、水戸と弘道館は尊皇攘夷のいわば本山となったが、『弘道館記』に「神州の道を奉じ、西土の教を資《と》り」とあるように、西洋の学問も尊ばれた。幕府は賊軍とされたが、慶喜が官軍に恭順の意を示し弘道館の至善堂で謹慎の身となったのも、水戸が尊皇の気風にあったからともいえる。

金沢藩の明倫堂

加賀金沢藩の第十代藩主前田治脩《まえだはるなが》が寛政四年（一七九二）に設立した漢学中心の明倫堂は、同藩の他の藩校との統合を経て現金沢大学へと至っている。なお、医学部（旧金沢医科大学）は文久二年（一八六二）に佐久間象山の項でふれた黒川良安によって創設された加賀藩彦三種痘所を源流とし、金沢大学はその設立年を一八六二年としている。

黒川良安は越中の医家に生まれ、長崎で著名な大通詞《おおつうじ》の吉雄耕牛《よしおこうぎゅう》の息子で、学芸にすぐれた吉雄権之助《ごんのすけ》から、父とともにオランダ語と蘭方医学を学んだ。帰郷途中、大坂で緒方洪庵の世話になり加賀藩に召し抱えられるも、洪庵のすすめで江戸に行き坪井信道の門に入った。信道は賓客の礼を以て黒川を迎え塾頭とした。江戸ではすでにふれたように佐久間象山と交換教授で蘭学を教え、象山には和漢の学を学んだ。良安の帰郷後、象山は坪井信道と赤沢寛堂にさらに蘭学を学んでいるので、象山と良安は坪井塾の同窓ともいえる。

順天堂

順天堂大学・病院は天保九年（一八三八）に佐藤泰然《たいぜん》が江戸薬研堀に母系の姓に因んだ「和田塾」を開いたのを建学とする。佐藤泰然は高野長英らに師事し長崎で蘭方医学を学び、和田塾を開いた後、洋学を重んじた開明派の佐倉藩（現在の千葉県佐倉市）藩主堀田正睦《ほったまさよし》の招きで佐倉「順天堂」を開いた。「日新の医学、佐倉の林中より生ず」とその評判は高く、適塾と蘭方医学の双璧を成した。順天とは中国の古典『易教』にある「順天応人」、天の意思に順《したが》い、人々の期待に応えるという教えと、『孟子』の「順天者存、逆天者亡」、天の摂理に順うものは存続し、天の理法に逆らうものは亡びるという教えに基づく。佐倉順天堂は手術や種痘などで当時最高水準と言われ、泰然の講義や蘭医学書の輪読のほか、実際の治療で塾生が医療技術を身につけていくことが特色であった。長崎でポンペに学んだ養嗣子の佐藤尚中《たかなか》が明治六年（一八七三）に江戸の下谷練堀町に順天堂病院を開設した。尚中は一八六九年に大学東校（現東京大学医学部）初代校長となった人物でもある。また、尚中の養嗣子の佐藤進はベルリンに留学し、東洋人として初めて医学博士となっている。泰然の次男の良順（松本良甫の養子、のちに順と改名）もまた長崎でポンペに学び、文久三年（一八六三）には将軍奥医師・西洋医学所頭取となった。幕軍として新撰組の近藤勇や土方歳三と親交し、二人の供養塔も建立しているが、維新後は初代陸軍軍医総監となっている。

佐賀藩の弘道館

佐賀藩の弘道館は第八代藩主鍋島治茂《はるしげ》が天明元年（一七八一）に設立し、第十代藩主鍋島直正《なおまさ》が天保十一年（一八四〇）に整備拡張した。儒学のほか佐賀藩の歴史や武道の授業があった。直正は厳しい財政と佐賀城二の丸の火災を契機に藩政改革に取り組み、世襲制の役職の廃止や有能な人材の登用などにあたった。直正は長崎警備の強化を図り、まだ日本では実用化されていなかった反射炉を築いて大砲を鋳造した。洋式砲術の導入に加え洋式軍隊も組織し、戊辰戦争ではアームストロング砲を用いて新政府軍の勝利に貢献した。西洋医学も積極的に取り入れ、天保五年(一八三四)に医学館を創設した。嘉永四年(一八五一)、医学館が医学寮となり蘭学寮が併設された。天然痘の予防のため、当時まだあまり行われていなかった種痘を嫡子淳一郎(直大)に接種し藩内に広めた。

佐賀藩の蘭学の導入は、佐賀城下の蘭方医の島本良順とその弟子の伊東玄朴にはじまる。伊東玄朴は同藩の神埼に生まれ佐賀藩で牛痘種痘法を実践し、安政五年(一八五八)には江戸お玉が池種痘所を開設している。近代医学の祖と言われ、官医界における蘭方の地位を確立した。

医学寮は安政五年(一八五八)に直正より『好生館』の名を拝命し、直正による扁額は今にも伝えられている。

『好生館』の由来は中国の『書経』の一節「好生の徳は万人に洽《あまね》かし(人の生命を大切にする徳を万人にゆきわたらせる)」に拠っている。佐賀県医療センター好生館はその後身であり、設立の理念は「好生の徳は民心にあまねし」、「学問なくして名医になるは覚束なきことなり」となっている。日本へドイツ医学を導入したのは弘道館と医学寮で学び、佐倉順天堂で修業し、長崎の精得館の頭取を務めた相良知安《さがらともやす》と言われている。

弘道館では佐野常民、北海道の開拓を行い札幌市街地建設に力を注いだ島義勇《しまよしたけ》（武田斐三郎が船長の函館丸に乗船している）、明治政府で参議・内務大臣等を務めた副島種臣《そえじまたねおみ》、初代文部卿・司法大臣等を歴任した大木喬任《おおきたかとう》、初代司法卿・参議となり佐賀の乱で島義勇とともに敗れた江藤新平、板垣退助とともに憲政党を結成し総理大臣となり東京専門学校（後の早稲田大学）を創立した大隈重信らが学んだ。佐野常民は弘道館を経て大阪の適塾で学んでいる。

熊本藩の時習館

肥後熊本藩第六代藩主細川重賢《しげかた》は財政再建と人材育成に取り組んだ。この藩政改革「宝暦の改革」は全国的に有名になり、重賢と大奉行に抜擢された堀平太左衛門の名は「名君・賢宰」と評されている。改革推進のための藩士を教育する施設として宝暦五年（一七五五）に文武両道の藩校時習館が設立された。成績優秀であれば庶民にも入学が許された。時習館は明治三年（一八七〇）まで百十五年も続き、幕末には幕府開明派の横井小楠が学び塾頭も務めた。他に宮内省に出仕して侍講となった元田永孚《もとだながさね》や明治憲法起草に尽力し文部大臣等を歴任した井上毅《こわし》等がいる。翌宝暦六年（一七五六）に設立された医学校が再春館である。再春館は時習館と同時に廃止され、同時に熊本洋学校が設立された。洋学校では、アメリカの退役軍人ジェーンズを教師として招き、文学、算術、地理、化学、測量、作文、演説等、多岐にわたる授業を英語で行った。男女共学であったことも当時としては珍しい。なお、ジェーンズの影響で多くの生徒がキリスト教に入信したが、そのため当局の反発が起こり、それが一因となってジェーンズの任期終了とともに明治九年（一八七六）に廃校となった。

一方、明治四年（一八七一）に熊本医学校（古城《ふるしろ》医学校）が開校し、オランダ人軍医マンスフェルトが招かれ、わずか四年であったが教鞭を執った。日本細菌学の父北里柴三郎は時習館閉校後にここで学んだ。再春館は熊本医学校、熊本医科大学を経て現在の熊本大学医学部へと連なっている。

薩摩藩の造士館

薩摩藩第八代藩主（島津家第二十五代当主）島津重豪《しげひで》が安永二年（一七七三）に有能な人材を育成するため聖堂（後に造士館と改名）と武芸稽古場（後に演武館と改名）を創設した。第十一代藩主（二十八代当主）島津斉彬《なりあきら》は和漢に洋学も加え造士館を改革した。西郷隆盛や大久保利通らが学び、維新の原動力となっていった。造士館は鹿児島大学法文学部・理学部の前身となる。八十歳を超えて長崎・出島のオランダ商館医シーボルトと会談をおこなったこともある島津重豪は、安永三年（一七七四）には医学館も創設した。明治三年（一八七〇）に西郷隆盛や大山巖らが英国公使館付き医官ウィリアム・ウィリスを招き、ウィリスを校長とした医学校が設立され、今日の鹿児島大学医学部へと発展した。

国漢学校

象門の二虎の一人、小林虎三郎は長岡藩で戊辰戦争の際に非戦論を唱え、維新後には長岡藩の大参事に抜擢される。明治三年（一八七〇）、藩内は極度の食料不足に陥り、支藩の三根山藩から救援米百俵が送られた。反対論を押し切って救援米を売却し、書籍を購入し開校したのが国漢学校である。新しい時代の藩を開拓する人材を育成しようという目的で、藩士はもとより商人や農民の子弟にも門戸を開き、漢学、国学、地理、歴史、科学と武芸も科目とした。困窮しているからこそ学校を建て人物を養成すべきという、大局観に基づいた判断であった。開校期間は明治四年（一八七二）の廃藩置県までの短い期間であったが、山本五十六も学んでいる。この米百俵のエピソードは山本有三の戯曲で有名になった。

閑谷学校

名君と称された岡山藩主池田光政は藩校の岡山藩学校（国学）に続き、翌寛文十年（一六七〇）に庶民の子弟や地方の指導者を育成するための藩立の閑谷学校《しずたにがっこう》を開いた。藩市街から遠く離れた和気郡の山間で、その風光明媚な美しさに光政が感動し、そこに学校を建てることを構想した。光政は近江聖人と言われた陽明学者の中江藤樹《なかえとうじゅ》を尊敬し、藤樹のことを伝えたその高弟の熊沢蕃山《くまざわばんざん》が光政を儒学に目覚めさせた（蕃山は藩士教育と光政の側用人として藩政全般を補佐したが、やがて家老や光政との不和対立で同藩を去る）。

閑谷学校は日本最古の庶民学校として知られその規模は大きく、約三十年をかけて整備され、国宝の講堂をはじめ二十五棟が国の重要文化財に指定された。現存する庶民を対象とした学校建築物としては世界最古のものと言われている。四書の講義のほか、習字や読み書きなどを教えた。他藩の子弟も多く、横井小楠、頼山陽、菅茶山、大塩平八郎、高山彦九朗らの知名人も来訪し、横井小楠は閑谷学校の美麗さは江戸の昌平黌に並ぶものと称賛した。

明治政府による廃藩置県や学校令施行により藩校が廃止され、閑谷学校も荒廃した。そこで、明治六年（一八七三）には備中松山藩の藩政改革で知られた陽明学者の山田方谷《やまだほうこく》が招かれ、六十九歳という高齢にもかかわらず、閑谷学校の再興にあたった。方谷は陽明学を主、朱子学を従とし、地理・史学については和漢洋を順序立てて究読することを学業の方針とした。閑谷学校には聖廟（孔子廟ともいい、大成殿には孔子像が納められている）が配置され、孔子を祭る釈菜《せきさい》の式が毎年執り行われ、朱子学が奉じられたが、陽明学も重んじられてきたことがうかがえる。

大鳥圭介は父も学んだ閑谷学校で漢籍や詩文を学び、光政が愛しまた学灯の油料として植えられた椿がうっそうとして繁る幽寂として昼なお暗い椿山（椿谷）に夜中しばしば至り、己の胆力を試したという。その後適塾で蘭学と西洋医学を学ぶことになる。

閑谷学校はその後、明治二十三年（一九四八）の学制改革により岡山県閑谷高校となり、翌明治二十四年（一九四九）に高校再編により和気高校閑谷校舎となった。明治三十九年（一九六四）には生徒減少のため閑谷校舎は廃止された。翌四十年（一九六五）には和気高校を和気閑谷高校と改称し、岡山県青少年教育センター閑谷学校が設置され、平成三年（一九九一）には史跡の隣接地に新築移転された。平成七年（一九九五）には旧閑谷中学校本館（明治三十八年・一九〇五建築）が資料館として開設された。

懐徳堂

経済と自治の大坂はまた庶民的な好学の地でもあり、享保九年（一七二四）に大坂の有力町人「五同志」によって、懐徳堂《かいとくどう》が創設された。享保十一年（一七二六）には官許を得て大坂学問所として公認されたが、五同志を中心とする運営で、いわば半官半民の体制で長く続くことになる。「懐徳」とは諸説あるが、有力な出典の一つが『論語』里仁編の「君子懐徳、小人懐土」（君子は徳を懐《おも》い、小人は土《ど》を懐う）とされる。運営は五同志の出資で創設され、以後も同志会の醵金やその運営益によって賄われ、受講生の謝礼に関しては貧苦の者は「紙一折、筆一対」でよいとされ、当時の身分制に対してはかなり自由な精神で営まれた。

壁書として掲げられた定約は三条から成り、第一条には忠孝の重要性が説かれ、書物を持たない者も聴講でき、やむを得ぬ用事があれば講義の途中でも退出してよいとされる。第二条では席次について武家が上座とされるも、講義開始後の出席には武家と町人の区別はないとされる。第三条は入学について中井忠蔵（学主）までその旨をことわり、中井が外出中は支配人まで申し出ることとされた（懐徳堂は学長兼教授の学主、校務・俗務の最高責任者の預かり人、雑務を取り仕切る支配人によって運営され、創設後の半ばからは支配人は置かず、学主と預かり人によった）。

第一条と第二条が大坂町人を主要な受講生として開講した懐徳堂の特色をあらわしている。

平日の日講では四書等が講じられ、日講以外にも同志会や詩会などの学習会があった。休日は毎月の一日、八日、十五日、二十五日であった。

懐徳堂の交友・門人は漢学・儒学の枠を超えて幅広く、門下生には大坂の町人学者で地動説を唱え日本の近代的合理主義思想の開祖とも評される山片蟠桃《やまがたばんとう》や、儒教批判・仏教批判と後発の学説は先発の学説よりもさかのぼって古い時代に起源を求めるという「加上《かじょう》」説で知られる富永《とみなが》仲基《なかもと》らがいる。

懐徳堂は約百四十年の歴史を経て、幕末維新の動乱で明治二年（一八六九）に閉校となる。その後、明治四十三年（一九一〇）に懐徳堂記念会が設立され、大正五年（一九一六）には「重建懐徳堂」が竣工し復興が図られる。昭和二十年（一九四五）の大空襲でこの建物は書庫を除き焼失し、記念会の活動も縮小された。昭和二十四年（一九四五）に大阪大学に文学部が設立されたのを機に、消失を免れた重建懐徳堂の蔵書約三万六千点が大阪大学に寄贈され、懐徳堂の事業は懐徳堂記念会と大阪大学に引き継がれている。

町人の町の懐徳堂は、適塾とともに大阪大学の源流を成すともいえる。

＊

これら藩校や私塾のほかに、江戸後期の私塾としては、佐久間象山らが西洋砲術を学んだ伊豆韮山の幕府代官の江川坦庵（江川太郎左衛門英龍《たろうざえもんひでたつ》）の韮山塾《にらやま》、西洋医学の臨床技術を教授し伊東《いとう》玄朴《げんぼく》ら五十人以上が学んだシーボルトの鳴滝塾《なるたきじゅく》、幕末維新期の多くの蘭方医と洋学者を輩出した伊東玄朴の象先堂《しょうせんどう》、江戸の蘭学の一大拠点となった大槻玄沢《おおつきげんたく》の芝蘭堂《しらんどう》、勝海舟の建言による神戸海軍操練所等が知られている。いずれも日本の近代化に大きく貢献した幕末維新の逸材を輩出し、塾生間の交流とつながりにも大きな意義が認められる。

藩校は廃藩置県後に廃止され、私塾の多くも途絶しているが、後に小学校、中学校、公立高校、そして大学へと時代の要請に合わせその姿を変えて、今日まで脈々とその建学の精神、学問、人材育成を継承しているものも少なくない。

第二章　緒方洪庵と蘭学の系譜

一　修業時代

緒方洪庵は、文化七年（一八一〇）に備中足守藩（現岡山市足守）の家臣で三三俵四人扶持という下級武士の父、佐伯惟因《さえきこれより》の三男で末子に生まれた（長兄は幼没）。生まれてすぐに田上騂之助《たがみせいのすけ》と名付けられた。佐伯と田上と緒方の三つの姓は一つにつながっている。九州豊後に緒方を名乗る豪族がいたが、その後、豊後の佐伯荘に住みその地名から佐伯と称した。途

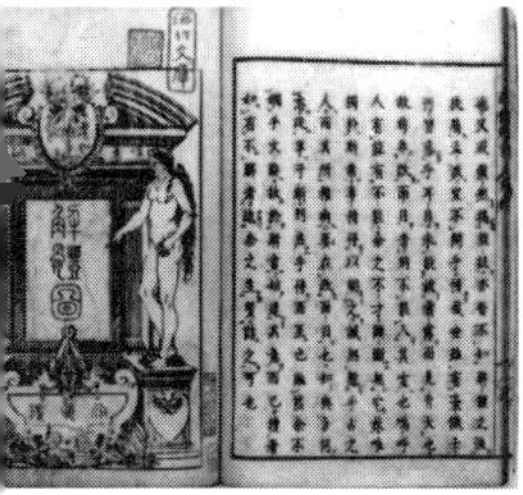

中、緒方と系譜に縁のある田上氏を名乗った一代があるが、また佐伯にかえっている。藩主の木下氏は豊臣秀吉の正室ねねの実家であり、徳川時代は外様大名である。

父惟因は洪庵が生まれた時は藩の財政担当の役人であった。洪庵は文政八年（一八二五）に十六歳で元服した折、田上惟彰《これあき》と名乗った。この年、父は大坂の藩の蔵屋敷の留守居役となり、洪庵も父に従って上坂した。翌年十七歳のとき再び来坂して蘭学医の中天游《なかてんゆう》の門に入り、オランダ医学の勉強をはじめた。この時から、心機一転し、緒方三平と自ら名乗るようになる。実名は元服時の惟彰の文字から一部を取って章《あきら》とした。号の一つが洪庵で長崎遊学時から称した。

洪庵は故郷を出る時に、父母に医術を志し大坂で学ぶ許しを請う手紙を残している。その置き手紙では「自分は生まれつき体が弱く武士に適していず、ここ三年医者を志すことを考えていたものの、それを不孝と考えていたが、無為に過ごし人の嘲りを受けるのもまた不孝と思い、三年の暇をもらい、その志すところに進むことを許していただきたい。医の道は疾病を治す術であり万民を救う方法である」という。

洪庵の画像は四点現存すると知られているが、嘉永三年（一八五〇）の洪庵四十歳画像の篠崎小竹の賛には、「武家に生長し、武を辞し文に入る。初め漢学に従い、漢を辞して蘭に入る。蘭書読み難く、勤苦食を忘れ、東西に師を追う。奥秘《おくひ》独り得たり。之を医術に試み、壮歳にして名を成す。起痼《きこ》に投剤し、業を授けて育英す（患者の持病を診療しながら、一方、門弟を教育している）。

今わずかに四十」とある。武（武士）を辞め文（蘭学）へ転じたこと、それ以降の苦労、医術と教育の業績を描いている。医を志したのは病弱であったことが大きな要因とされているが、武士の将来性に悲観的な考えであったためとする説もある。

自らの著書『病学通論』の自序においてもその経緯を著しており、「大坂の藩邸で文武を学ぶも、病気がちで勉強ができず、中天游先生に関して西洋医学を唱え、人体のことをよくしらべ、疾病についても詳しく、人の意表をつくような方であると聞き、これまでの方針をはっきりと改め、先生に師事することにした」と述べている。

中天游は丹後に生まれ京都で育った。父は医師であり、父からもらった『解体新書』を読み西洋医学を志すようになり、二十代はじめに江戸で蘭学の大家である大槻玄沢《おおつきげんたく》の芝蘭堂《しらんどう》に入塾し長崎で学んだ。京都でもやはり大槻玄沢の門下で我が国初の蘭和辞典の『ハルマ和解《わげ》』を完成させた稲村三伯《いなむらさんぱく》に学び、三伯の娘さだと結婚し、西宮で医業を開き、その後大坂で医院と蘭学塾を開いた。

橋本宗吉《はしもとそうきち》は元傘職人で京都の蘭方医と大坂の天文学者にその才能を見出され、経済的支援を受け大槻玄沢に学び、大坂で医院・蘭学塾の絲漢堂《しかんどう》を開き、大坂蘭学の基礎を築いた。天游は宗吉にも学び、医学に限らず物理学や天文学など広く自然科学にも通じていた。長崎のオランダ通詞（通訳）だった志筑忠雄《しづきただお》がニュートン科学を翻訳し志筑の天文学の構想を著した『暦象新書』

に強く惹かれ、自身の考えを加筆し万有引力を説いた『引律《いんりつ》』を執筆している。洪庵は天游の思々斎塾で四年学び、師の勧めで江戸に向かう。なお、大阪天満の龍海寺にある洪庵の遺髪を納めた墓の碑銘におよそ次のように記されている。

洪庵は江戸に赴き師を求めようとしたが、資金が尽きて江戸に入れず、上総《かずさ》国（現在の千葉県）のある僧が冬ともいうのに薄着一着で書物を入れた袋を背負った洪庵を憐れみ僧院に泊めてくれた。その際の談話は学問に及び、洪庵は袋から西洋暦象新書を取りだし流れるように説き始めた。僧はその話を不思議に感じ、近隣の医者を集めその説を聞くに及び、数日逗留し謝金を得て着物を整え江戸に向かった。

洪庵の向学の苦労を物語るものであるが、暦象新書を解説していることに注目される。洪庵は天游の思々斎塾で暦象新書の講義を受けていた。僧は地動説等を不思議に思ったに違いない。

江戸では先に述べたように、天保二年（一八三一）二十二歳の時に坪井信道に入門した。信道は宇田川榛斎《うだがわしんさい》の西洋の解剖学訳書の『医範提綱《いはんていこう》』を見て榛斎に師事し、文政十二年（一八二九）に三十五歳で医者として独立し、江戸深川上木場に安懐堂を、ついで天保三年（一八三二）に江戸冬木町に塾名を改め日習堂を開いた。後に長州藩医としても招かれている。信道は訳書に『万病治準』等、著書に『診候大概《しんこうたいがい》』があり、蘭方医学に基づき脈拍を数え体温計で体温を計り患者の病状を診て診断するなど内科診断法を確立し、近代的な臨床実習と医学教育を行った。伊東玄朴と並ぶ蘭医の大家として評判を呼んだ。信道は貧乏で苦学したが、洪庵も同様で、東京の高林寺（文京区向丘二丁目）にある洪庵の墓碑銘には次のように記されている。

洪庵は学資が尽きると義眼造りで自らまかない、冬の日の破れた薄着を見て師の信道がその窮状を憐れみ、自分の着物を脱いで与えたが、師は小柄で洪庵は大柄でその着物は短く膝が出てしまい、人はそれを笑ったが洪庵はそれを気にせず、勉強に励み学問は大いに進み、ついに塾長になった。

洪庵は信道の指導でオランダ語の読解力を身につけ、多くの医書・物理学書を翻訳した。なお信道は既述のとおり、広瀬淡窓の謦咳に接し、淡窓の弟の旭荘と親交し、嫡子信友と養子信良を旭荘に学ばせている。また、信友は信道亡き後、嘉永五年（一八五二）に適塾に入門している。信道は自身の師である宇田川榛斎《うだがわしんさい》に洪庵を紹介し学ばせた。榛斎は大槻玄沢の後継者で江戸蘭学界の大御所であり、医学のみならず広く自然科学に造詣が深く、薬学にも詳しく『遠西医方名物考《えんせいいほうめいぶつこう》』という西洋薬を網羅した大著がある。洪庵は榛斎から薬の製法・処方・効能等を学んだが、榛斎は天保五年（一八三四）に亡くなるので、師事したのは二年ばかりである。榛斎は死の床にあって洪庵に『遠征医方名物考補遺』に西洋と日本の度量衡の換算表を付けることを頼み、洪庵はその遺志を受け継ぎ翌年にはまとめた。洪庵は化学書も学んでいる。

天保六年（一八三五）に江戸での修業を終え、足守に帰るも、帰郷後すぐに大坂の師であった中天游が亡くなった。洪庵は再度大坂へ戻り、天游夫人のさだを助けて医業を続け、思々斎塾で蘭学を講じ、天游の生前の願いどおりに息子の耕介を教育した。

そして翌年、耕介を連れて蘭学の本場、長崎に向かう。信道門下の青木周弼《あおきしゅうすけ》もやってきた。後に洪庵は耕介を周弼に託す。洪庵らはオランダ人から学ぶ機会があったと思われる。長崎では医院も開業し、二年滞在した。

▼二▲ 三つの蘭学

鎖国時代に日本は長崎の出島でオランダを通じて世界に開き、交易した。

イエズス会のフランシスコ・ザビエルが来日したのが天文十八年（一五四九）で、キリスト教布教の一つの拠点となったのが平戸であった。医師であり宣教師であったルイス・デ・アルメイダが大分府内にホスピタル（慈恵病院）を建て、南蛮医学を初めて伝えたのが、弘治三年（一五五七）。アルメイダは日本初の南蛮外科医であった。アルメイダが長崎にキリスト教の福音を伝道するために会堂を開いたのが永禄十年（一五六七）で、これが長崎の教会のはじまりであり、長崎開港の扉を開いたと言われる。アルメイダは心に説教を、身体には医術で治療にあたった。

やがて秀吉が長崎を直轄領とし、キリスト教を弾圧した。島原の乱を経て、徳川幕府はポルトガル人を追放し、寛永十八年（一六四一）に平戸から長崎の出島にオランダ商館を移した。慶安二年（一六四九）にカスパル・シャンベルゲルが来日し、長崎で日本人医師に外科を教え江戸で幕府高官を治療した。オランダ通詞の本木良意《もときりょうい》がレメリンの解剖図『小宇宙鑑』の蘭訳書の翻訳を完成させたのは天和二年（一六八二）の頃で、最初の西洋解剖書の翻訳であり、『解体新書』の約九十年前に遡る。以後、ケンペル、ツュンベリー、フォン・シーボルトが来日し、出島の三学者と称えられた。その間、オランダ通詞の楢林鎮山《ならばやしちんざん》は商館医から外科伝習を受け『紅夷外科宗伝』をまとめた。また吉雄耕牛が出島の外科医パウエルやツュンベリーに学び蘭医学書を翻訳し、江戸番通詞を十一回勤め江戸の蘭学者と交流した。前野良沢は耕牛に学び、耕牛は良沢や杉田玄白による『解体新書』に序文を寄せている。

そして、ニュートン物理学を日本に初めて紹介した江戸時代最初期の本格的な蘭学者であり科学者である志筑忠雄《しづきただお》が登場する。忠雄はオランダ語の文法を正しく理解し、先駆的にオランダ語文法を日本に定着させ、蘭学の成立に大きく貢献した。長崎蘭学の勃興期にはこのような通詞たちの先賢と努力と活躍があり、そして、長崎蘭学は東漸する。

因みに、先に我が国初の蘭和辞典『ハルマ和解』と述べたが、享和三年（一八〇三）に商館長に就任したヘンドリック・ドゥーフがオランダ通詞と協力して、オランダ語通詞のための単語帳や蘭和辞典の編集を行った。「ハルマ」はオランダでよく使われた『蘭仏辞典』（一七一〇年初版）の編者である書店主のフランソワ・ハルマ（一六五三―一七二二）の名前に由来する。ハルマ『蘭和辞典』第二版（一七二九）をもとに寛政八年（一七九六）に出版された『ハルマ和解』は江戸ハルマと呼ばれる。

これに対して、ドゥーフがオランダ通詞の吉雄権之助らと協力し、同じくハルマ『蘭仏辞典』第二版をもとに編集したのを『ドゥーフ・ハルマ』という。初稿は文化八年（一八一一）頃から同十三年までに、オランダ通詞の語学力向上のため私的に編集されたものであり、『江戸ハルマ』を凌駕するものであった。以後、『ドゥーフ・ハルマ』の増訂は幕府による翻訳事業となり、ドゥーフは帰国まぎわの文化十四（一八一七）年までに第二稿をほぼ完成させている。ドゥーフ後、幕府はさらなる改訂を行っている。『ドゥーフ・ハルマ』は大槻玄沢の門人稲村三伯《いなむらさんぱく》の『ハルマ和解』より正確な辞典で、適塾でも愛用された。

長崎で西洋医学の臨床技術を実際に伝えたのが、文政六年（一八二三）に出島の商館医として赴任したフォン・シーボルトである。シーボルトはドイツのビュルツブルグに生まれ祖父の代からの医学者であり、オランダ領東インド陸軍医として就職し、オランダ人と偽って日本研究の命を受けて来日した。シーボルトは長崎奉行の許可を得て市内の蘭方医に出向き、後に長崎郊外の鳴滝に塾を開いて診療と医学教育にあたった。この鳴滝塾で、実際に患者の病状を診察し治療法を教えるという西洋式の臨床講義が初めて行われた。門人によって治療例が示された筆録本は、写本として広く西洋医学の伝習に貢献した。著名な門人に幕府奥医師となった伊東玄朴、蛮社の獄で幕府に捕まった高野長英、本草学を学び東京大学教授となり日本初の理学博士となった伊藤圭介らがいる。シーボルトは医学伝授の一方日本研究にも注力し、オランダ、ヨーロッパで日本研究者として名声を得た。文政九年（一八二六）には商館長の江戸参府に同行し将軍家斉《いえなり》に謁見し、幕府天文方の高橋景保《たかはしかげやす》や蝦夷地探検で知られる最上徳内《もがみとくない》らと親交した。

文政十一年（一八二八）、帰国しようとした際、乗船するはずの船が暴風雨で座礁し、国外持ち出しを禁じられていた日本地図を所持していたことが発覚し国外追放となる。開国後の安政六年（一八五九）に再度来日し、その二年後に帰国している。シーボルトと日本人女性の間に生まれた楠本イネは西洋医学を学んだ日本初の女医で産科を専門とした。

日本の蘭学、西洋の医学は長崎にはじまり、門人による伝習でさらに江戸蘭学、大坂蘭学として広まった。洪庵は大坂、江戸、そして蘭学のいわば本家である長崎で学び、その修業を終えた。

なお、シーボルト事件は大坂での中天游門下の頃である。

第三章　洪庵の適塾開業と結婚

一　適塾を開く

洪庵は長崎での二年間の遊学を終え、天保九年（一八三八）一月に足守に帰郷し、三月には大坂に出て船場の瓦町《かわらまち》で開業し、適塾を開いた。瓦町は現在の中央区瓦町三丁目あたりで、洪庵二十九歳の時である。七月には名塩（現在の西宮市塩瀬町名塩）の医者億川百記《おくがわひゃっき》の娘八重《やえ》と結婚した。

この時期、前年には大坂で大塩平八郎の乱が勃発し、天満や船場など市街の主要地が消失した。翌年には蛮社《ばんしゃ》の獄《ごく》が起き、蘭学

者に対する迫害が続いた。このような混乱の世と大坂であったが、蘭学の隆盛と蘭方医への期待は変わらなかった。

億川百記ははじめ紙漉《す》きの仕事をしていたと言われているが、後に医業を志し漢方医に学び、そして洪庵の師でもあった中天游に蘭学を学び、医者となった。医業のかたわら輸入洋薬のサフランを主薬とする薬の製造販売を行い、財を成した。百記は天游の思々斎塾同門の洪庵を娘の八重の婿に決め、婚約が成ったが、洪庵が長崎での遊学から帰って後に結婚した。八重は十二歳下の十七歳であった。瓦町時代は生活に苦しく、洪庵は病床に伏せることがあり、八重は夫の身を案じ支えた。適塾最初の豪傑で初代塾頭の大戸郁蔵《おおといくぞう》はこの年に入門している。

この瓦町の家は狭隘であったらしく、塾生も増えてきた八年目の弘化二年（一八四五）に過書《かしょ》町（現在の中央区北浜三丁目）に町家を購入移転し塾を拡張した。この建物が現存する我が国唯一の蘭学塾の遺構であり、史跡・文化財に指定されている。

洪庵の号の一つは「適々斎《てきてきさい》」という。適々とは、中国古典の『荘子』の大宗師篇にある、伯《はく》夷《い》・叔斉《しゅくせい》のような人たちは、「人の役《えき》を役し、人の適を適として、自らはその適を適とせざる者なり」という文を出所とし、「自分の心に適《たの》しみとするところを適《たの》しむ」ということを意味する。江戸時代の儒学者である林羅山の書に由来するという説もある。一般的には「自適」とは、いわゆる悠々自適《ゆうゆうじてき》の世事に関わらぬ自由気ままな風情をあらわす。しかし洪庵の「自適」はそうではなく、医師・医学者・蘭学者として世のため人のために尽くすという志で、その社会的責任を果たし、その任務を自ら適《たの》しむという積極的な姿勢を示している。適塾には福沢諭吉が「適々」の意味と洪庵と適塾のありさまを示唆した書軸が掲げられている。

適々豈唯風月耳　適々豈唯《あにただ》風月のみならんや
渺茫塵界自天真　渺茫《びょうぼう》たる塵界《じんかい》自ら天真
世情休説　世情説くを休《や》めよ
不如意　意の如くならずと
無意人乃如意人　無意の人は乃《すなわ》ち如意《にょい》の人

適々とはただ風流を楽しむということでは決してない。遠く果てしないこの世俗は実はごく自然のままにある。自分の意志のとおりにならないなどと言うものではない。無意の人こそ思いどおりの人となるものだ。このように諭吉は「適々」は風月にではなく、塵界にこそあるのだと唱えている。

洪庵の肖像画は四十歳の時のものと五十歳から晩年にかけての四点が残され三種が知られている。これら肖像画からは肩幅が広くやせ形で背は高く大柄な人であったようで、また、その顔つきは額が広く鼻筋は長い。穏やかで誠実な人柄が感じられる。実際に、福沢諭吉は「先生の平生、温厚篤実《おんこうとくじつ》、客に接するにも門生を率いるにも諄々《じゅんじゅん》として応対倦《う》まず、誠に類《たぐ》い稀《ま》れなる高徳の君子なり」（『福沢諭吉全集』第一巻）と言っている。

町奉行所の役人や大坂の有力商人とも良好な関係で、人付き合いも上手く、塾生にも親切、丁寧に接し、大声で叱り飛ばすということもなく、微笑みながら言葉柔らかに諭すのであった。諭吉が『福翁自伝』で描く洪庵と適塾の様子はよく知られているが、諭吉が病気になった時には親のようにその病を診たので、諭吉は自分を緒方の家の者のように思い、洪庵は実父と同様であったと語っている。また、諭吉が二度目に塾に寝泊まりする内塾生になる際には、貧乏な諭吉は、盗写し持参したオランダ原書の築城書を訳させるという名義で緒方家の食客となり、「その意味は全く先生と奥方との恩恵好意のみ」と言う。

洪庵は恩師にも変わらぬ尊敬の意を示しよく尽くした。中天游、伊東玄朴、坪井信道らは洪庵を信じ、その子弟を預け教育を任せている。両親と夫人の親に対しても孝養を尽くしている。

塾生はよく酒を飲んでは騒ぐことがあったが、洪庵はあまり飲まず、宴会に足繁く通ったり芸者遊びなどもしなかった。嘉永六年（一八五三）の「癸丑《きちゅう》年日次之記」（『緒方洪庵伝』所収）には正月四日に除痘館での初出席の時「例の如く盃す。午後酩酊。回勤一二軒にて休む」と記され、祝い酒で酩酊し、午後の回診は一、二軒で休んでしまったとあるように、酒には強くなかった。

蘭医学の仕事一辺倒かというと、そうではなく、趣味も楽しんだ。洪庵は和歌のたしなみを持ち、多くの和歌を詠み短冊に書き残している。洪庵の和歌は師について学んだ本格的なもので、美しい筆使いで歌集風に草稿にまとめられている。歌稿としては『春の巻』『夏の巻』『秋の巻』の三部作と『詠草』の一部が知られる。先の日記には歌会出席、除痘館歌会などの記述があり、囲碁も楽しんだようで、趣味で多くの人と親交した。

▼二▲ 八重夫人の生涯

八重は良妻賢母の典型といえ、洪庵と八重には七男六女の十三人もの子供ができた。四人は幼没している。苦しい家計で家事を切り盛りし、塾生の面倒もみなければならない。八重の実家が小さい子供を預かってはまた大坂に送ることもあった。億川百記は洪庵の長崎遊学の費用を工面し、孫の教育にも熱心で、洪庵夫妻を支援した。

八重は塾生には真心で接し、我が子のように世話をしている。三度の食事の世話も忙しく、時には塾生の生活態度を叱り戒めた。福沢諭吉は、私が母親のように思っている大恩人と述べている。

『福翁自伝』で書かれている諭吉の八重との「私の大失策」という有名なエピソードがある。ある夜、諭吉が二階で寝ていたら下から女の人の声で「福沢さん」と呼ぶ。諭吉は夕方酒を飲んで寝たばかりで、うるさいもの、何の用事かと真っ裸で飛び起きて梯子段を飛び降りて、「何の用だ」とふんばったところが、何と八重夫人でどうにも避けようにも逃げられず、進退窮まってどうしようもない。八重も気の毒と思ったのか、ものも言わず奥の方へ引っ込んでしまった。翌朝、お詫びにも行けず、ついにそのままご挨拶もなしに済ませてしまった。生涯この一件を忘れることができず、後年、大坂の緒方家を訪ねた際にも四十年前のこのことを思いだし赤面したという。

塾生が夜中に空腹になり台所に忍び込み残り飯などを盗んだ際には、状況によって怒ったり黙認したりした。諭吉のように多くの塾生は八重を慕い、八重も我が子のように面倒をみたが、女色放蕩が原因で八重と不和になった塾生もおり、八重と塾生の間にも軋轢はあったようだ。

開塾当初からの塾生で洪庵と同郷の備中に生まれた大戸郁蔵は、オランダ語の読解力にすぐれていた。洪庵の、ドイツ人医師フーフェランド『扶氏経験遺訓《ふしけいけんいくん》』の翻訳は郁蔵が援けた。洪庵は郁蔵と義兄弟の契りを結んで緒方姓を名乗らせた。蘭書と酒を愛した郁蔵は世事に無頓着で身なりかまわず、八重が年末に新年の黒羽二重の紋服と羽織等一着を新調して贈ったところ、郁蔵は大いに喜び元旦より昼夜ともこれを着て横臥し、八重は大いにその性格に困惑した。塾生が多くなり、郁蔵は適塾からいわば分家する形で弘化元年（一八四四）頃に「独笑軒塾《どくしょうけんじゅく》」を開き、医療と塾生の指導にあたり、一流の蘭方医としての評判を得た。適塾の南に位置したので「南塾《なんじゅく》」、また適塾とともに「南北緒方」と呼ばれた。この郁蔵の独立の理由は八重との不和とも言われている。

ただ、このような不和があったとしても稀で、洪庵に対しては塾生をかばうことも少なくなかった。適塾門下の佐野常民は東京高林寺にある八重の墓碑銘に「門生を待つに誠切なること子の如し。あるいは塾則を犯せばすなわち従容として戒諭して先生（洪庵）をしてこれを知らしめず」と記している。

因みに、大戸郁蔵は緒方研堂を名乗り、同郷の郷士の三男を養子に迎え、その養子は緒方道平《どうへい》（みちひら、ともある）となる。道平は佐野常民の世話でウィーン万博時に山林学の技術伝習に加わり、帰国後、林政に従事する。大正・昭和期に政界に重きをなした緒方竹虎は道平の三男である。郁蔵は四女八千代の夫となった養子の拙斎と相謀り、洪庵の遺髪を納めた墓を大坂天満龍海寺に建て、碑文の撰は肥前の漢学者の草場佩川《くさばはいせん》に、書を備中の書家の荻田雲涯《おぎたうんがい》に頼んでいる。佩川は古賀精里に師事し、佐賀藩主の侍講を務めた。精里は佐賀藩士に生まれ藩校弘道館教授となり後に幕府の昌平黌（昌平坂学問所）の儒官となった。雲涯は郁蔵とやはり同郷の備中の阪谷朗廬《さかたにろうろ》に漢籍と賦詩を学んでいる。

拙斎は幼少の頃に咸宜園に学び詩文にすぐれた。朗蘆は大塩平八郎や幕府の儒者の古賀侗庵《とうあん》に学び、嘉永六年（一八五三）に代官ら有志が設立した郷校の興譲館（現学校法人興譲館高等学校）の初代館長に就任し、後年福沢諭吉らとともに明六社に儒学者として唯一参加している。東京高林寺の洪庵墓碑文は、精里の孫であり侗庵の子の古賀茶渓が記した。茶渓は江戸から長崎へ向かう途中、興譲館に揮毫を残している。

八重は見識も豊かであった。嘉永六年（一八五三）十二月に洪庵と親交のあった広瀬旭荘が洪庵を訪ねた際、あいにく不在で八重夫人に会った。旭荘は八重から、桑名藩主のペリーがもたらした国書を拒絶する上書と佐久間象山の海防を論じる上書を借り受けている。洪庵がこのような風雲告げる幕末動乱の時局に関心を寄せていたことは注目すべきことであるが、八重は夫の留守中にこのような書を自らの判断で他人に与える見識と剛胆さも持ち合わせていた。

そんな八重も洪庵の急死に際しては不案内な江戸で幼子を連れ、連日泣き明かしたと言われる。八重の父億川百記は、「洪庵様御死去なされたについては、なにごとも申しやることはありません。洪庵様の死後も、生きておられるようにつかえ、いついつまでも女の道を正しくあずかり、子供を大事に養育なされるよう。かならずかならず賢女の操をゆめゆめにもわすれてはなりません。これがあなたが今すべき仕事です」と書き送っている。

八重は子供を留学させるなど洪庵の遺志と百記の教えを守りその養育に努め、慶応四年（明治元年、一八六八）、江戸から大坂に戻った。家業には四女八千代の夫となった養子の拙斎が携わり、翌年には惟準も帰ってきた。八重はその後、適塾のすぐ南側にある元の除痘館の建物を隠居所として暮らした。かつての門下生も折にふれ八重を訪ね、終生慕われ続けた。大坂に戻って十八年後の明治十九年（一八八六）二月七日に死去した。享年六十五歳であった。

八重は、洪庵の遺髪を納めた墓に並び、龍海寺に眠る。この寺には、大戸郁蔵夫妻、中天游の墓もある。

▼三▲緒方家の子供たち

緒方家の子供たちは次のとおりである。

多賀（長女、天保十一年――嘉永二年、十歳）
整之助（長男、天保十二年――天保十三年、二歳）
平三《へいぞう》（次男、洪哉のち惟準《これよし》、天保十四年――明治四十二年、六十七歳）
四郎（三男、城次郎のち惟孝《これたか》、弘化元年――明治三十八年、六十二歳）
名前不明（四男、弘化二年又は三年――、幼没）

小睦《こむつ》（次女、弘化四年又は嘉永元年――嘉永二年、二～三歳）
七重《ななえ》（三女、嘉永二年――明治七年、二十六歳。のち大槻玄俊の妻）
八千代《やちよ》（四女、嘉永四年――明治四十四年、六十一歳。のち養子吉雄拙斎・緒方拙斎の妻）
九重《ここのえ》（五女、嘉永五年――明治三十二年、四十八歳。のち堀内利国の妻）
十郎《じゅうろう》（五男、嘉永六年――明治十一年、二十六歳。のち惟直《これなお》、妻はイタリア人マリア・ロゼチ）
十重《とえ》（六女、安政二年――明治四年、十七歳。のち深瀬仲麿の妻）
収二郎《しゅうじろう》（六男、安政四年――昭和十七年、八十六歳）
重三郎《じゅうざぶろう》（七男、安政五年――明治十九年、二十九歳）

洪庵と八重は子供の教育にも苦労している。洪庵は安政元年（一八五四）には平三（十二歳）と四郎（十一歳）に対し、二十歳になるまでは漢学を修めよと門人の越前大聖寺藩医の渡辺卯《わたなべう》三郎《さぶろう》の塾へ入門させた。卯三郎は適塾で塾頭を務め洪庵が非常に信頼していた。二人は卯三郎の塾で二年余り学び、洋学に専心したいと勝手に卯三郎の塾を抜け出し、五〇キロほど南へ下った大野藩の大野洋学館に入り、洪庵門下の伊藤慎蔵の下に赴いた。大野藩は藩公土井利忠が蘭学振興に熱心で伊藤慎蔵が初代館長として招かれ、同じく適塾出身の西川貫蔵と山崎譲が助教を務め、適塾と同様の教育がなされた。平三と四郎は洪庵の許しを得ていなかったので、洪庵は「若輩の身を以て大胆不敵の至り、不届至極」と二人を勘当した。八重はたいへん心を痛めたに違いない。百記が孫のかわいさから間を取り持ったとも言われ、後に洪庵は勘当を解いている。

安政六年（一八五九）には平三（十七歳）、文久元年（一八六一）には四郎（十八歳）を長崎に遊学させている。さらに、洪庵没後、八重は慶応元年（一八六五）に四郎（二十二歳）をロシアへ、慶応三年（一八六七）には平三（二十五歳）をオランダへ、十郎（十五歳）をフランスへ、それぞれ幕府留学生に応募させ、いずれも海外へ留学させている。当時、海外渡航はきわめて困難な時代であったが、八重は洪庵の遺志を継がせようとその教育に配慮し、子供たちはその期待に応えた。

もっとも、平三が長崎の丸山の遊郭に出入りしていると知り、八重は平三に手紙で「くれぐれもつつしみ、日夜も油断なく勉強を専一とするよう頼みます」といい、「只々、ご出精、神に祈ります。遊女へは必ずお出にならないように頼み入り申し上げます」と結び、また別に「朋友とのつきあいもあろうかと」と理解を示しつつも、「父上の名前を汚さぬよう、二代目の緒方先生と人々に噂されるように頼みます」と注意し、叱咤激励する手紙を送ったりもしている。

跡取りの平三、後の惟準は明治五年（一八七二）に東京で陸軍軍医寮に勤務し（軍医寮頭は松本良順）、東京医学校取締（校長）等も務め、自宅屋敷に適塾の看板を掲げ広く教えた。明治八年（一八七五）六月十日洪庵の十三回忌に惟準の屋敷に福沢諭吉、長与専斎、佐野常民、坪井信良、箕作秋坪、大鳥圭介、伊藤慎蔵、緒方道平、高松凌雲、武谷祐之らが集まった。そして大阪仮病院（大阪病院・病院兼医学校、後の大阪帝国大学医学部・付属病院）院長になり、遭難した大村益次郎を手術している。また、明治天皇の侍医となり、大阪陸軍軍事病院院長の職についた。兵士の脚気予防に麦飯供給を実行し効果があったものの、軍・脚気細菌説と対立し退籍し、大阪で総合病院の緒方病院をひらいた。

四郎、後の惟孝は医学を学んだ後にロシア留学を経て函館学校露学教師になった。校舎は武田斐三郎が開校した諸術調所のあとに建てられたという。惟孝は約半年の滞在で露語辞典『魯語箋』を完成させた後に、東京へ向かった。東京では大蔵省に出仕し、次に東京帝国大学病院薬局取締になった。そして、緒方病院の薬局長兼事務長として兄惟準を助けた。

十郎、後の惟直はパリで万国博覧会に出席する徳川昭武に随行する高松凌雲や渋沢栄一とも一緒になり、ウィーン万博の事務局として渡欧した際は、総裁が大隈重信で副総裁が佐野常民であった。三度目の渡欧でヴェニス商学校東洋学教授となったが、明治十一年（一八七八）に異国で病没した。

収二郎は東京大学医学部を卒業し、緒方病院副院長となり、後ドイツへ留学し北里柴三郎を訪ね、ベルリン大学のコッホ研究室で学んでいる。

第四章　適塾の教育

▼一▲塾則と入門料

塾則を明示するものは残されていないが、福沢諭吉は「緒方に入門して掲示の塾則を見れば、其《その》第一条に学生の読書研究は勿論《もちろん》のことなれども、唯《ただ》原書を読むのみ、一枚たりとも漫《みだり》に翻譯《ほんやく》は許さずとあり」と記しており、「洋学社会の言論窮《きゅう》したりと云ふ可し」と続けている（『福澤諭吉全集』第六巻）。この記述で幕末当時の蘭学・洋学と翻訳・言論の不自由さがうかがえる。

洪庵が大坂瓦町で適塾を開いたのが天保九年（一八三八）三月。翌年には幕政批判の科《とが》で渡辺崋山が逮捕され高野長英が自首したいわゆる蛮

社の獄が起こり、江戸小伝馬町の獄舎が焼け長英が脱獄したのは弘化元年（一八四四）六月であった。長英の逃走に際して、洪庵は大坂町奉行所に呼び出され、長英が立ち寄れば直ちに申し出るべきこと、または隠せば厳罰となり、同流の事（蘭学）であるから予め知らせるものと言い伝えられた。蘭方医・蘭学は幕政や漢方医から圧迫され、蘭学医書・蘭書の翻訳が検閲されたり出版統制がなされたりする状況にもあった。

塾則の二条以下は不明で、また、いつ制定されたのか判然とはしない。しかし諭吉が後年適塾を訪れ塾則が掲げられていた場所を述懐していることもあり、塾則があったことは確かであろう。塾則の第一条が、原書を読むことに徹し、翻訳文書作成を厳禁としたことは、原書読解をいわば塾是とする適塾の理念を示す一方、幕政に翻弄されずに権力・権勢から学問の自由と適塾を守ろうとした洪庵の深慮を読み取ることができる。

また、義兄弟となった郁蔵が開いた独笑軒塾の塾則の一つに、「蘭学を学ぶと雖も、常に我朝の道を守り、国体を失すべからず」とあると言われており、適塾の精神をも醸し出すものであろう。因みに、伊東玄朴の象先堂の塾則の第一条は「蘭書並翻訳書之外雑書類読候事一切禁止」とあり、坪井信道の日習堂塾則第一条は「禁酒」とある。

このように表向きには塾則で翻訳を禁じる一方、『福翁自伝』で描かれているように、諭吉の困窮を救おうと築城原書の翻訳を学資稼ぎとさせ、また、『ドゥーフ・ハルマ』の写本などが貧書生のアルバイトとなっていたことを考えると、実際には柔軟に対処されていたと思われる。入門料と月謝については『福翁自伝』に次のようにある。

新書生が入門するとき、先生家に束脩《そくしゅう》を納めて同時に塾長（塾頭）へも金弐朱《にしゅ》を呈すという規則があるから、一ヵ月に入門生が三人あれば塾長には一分《ぶ》二朱《しゅ》の収入、五人あれば二分二朱にもなるから小遣銭《こづかいぜに》にはたくさんで、これがたいてい酒の代になる。

白米一石が三分《ぶ》二朱《しゅ》、酒が一升百六十四文から二百文で、書生在塾の入費は一ヵ月一分二朱から一分三朱あれば足《た》る。一分二朱はその時の相場でおよそ二貫四百文であるから、一日が百文より安い。然《しか》るにヅーフを一日に十枚写せば百六十四文になるから、余るほどあるので、およそ尋常一様の写本をして塾にいられるなどということは世の中にないことであるが、その出来るのは蘭学書生に限る特色の商売であった（『福翁自伝』）。

適塾の貧書生にとって好都合なのが写本で、ヅーフ（ドゥーフ）の写本はただの写本よりもずいぶんと割がよく、大名がいる江戸はなお高い。無一文で江戸でおよそ一、二年辛苦して写本で二〇両を稼ぎ、適塾で学んだ塾生もいる。

金一両は当時の一人当たり米消費量である一石に相当すると言われ（諭吉は一石は三分二朱とい

う）、米量価で現在価値に置き換えると塾の生活費は月々一万五千円程度で、二百疋といわれる洪庵への謝礼は二万円程度であろう。塾費はいわば賄い料で、月々の授業料はかからない。

また、塾を出て一ヵ月以内に戻れば帰塾は許されるが、一ヵ月を過ぎると一、二年経たないと再び入塾することができず、その場合には塾費を一ヵ月分前納することになっていたという。

▼二▲ 塾生の日常生活

適塾の塾風、塾生の日常生活については先にもふれているが、やはり自伝の傑作と言われる諭吉の『福翁自伝』が詳しく、躍々と伝えており、ここではあらためてその要旨を紹介する（引用は岩波文庫版に拠り、括弧は筆者の注を示す）。

士族は大小の刀を持たなければならないが、塾には二腰（大小の一セット）か三腰ある程度であとはみな質に入っており、その刀が共有物で要がある時はそれを使う。夏は裸で「褌《ふんどし》も襦袢《じゅばん》（下着や肌着）も何もない真裸体《まっぱだか》」で、食事と会読の時には何か一枚ひっかけるばかりで、その食事も立ったままの「百鬼立食《ひゃっきりっしょく》」のありさまを呈する。副食は一と六のつく日はねぎとさつまいもの難波煮（ぶつぎりを醤油で煮たもの）、五と十のつく日は豆腐汁、三と八のつく日はしじみ汁と決まっており食費は安い。外食もよくし、度々行くのは鶏肉屋で、牛鍋屋は難波橋の南詰めと新町の遊郭の側にあり最下等の店で入れ墨のごろつきと適塾生が得意の上客で、殺した牛か病死した牛かわからないけれど、ずいぶん固く臭い牛肉と酒と飯を安く飲食できた。

夏の夕方、真っ裸となった塾生が物干しで涼んでいるお手伝いの女性三、四人を追い出し涼しく愉快に酒を飲んだ。「塾風は不規則といわんか不整頓といわんか、乱暴狼藉《ろうぜき》、まるで物事に無頓着」で、手を洗う盥《たらい》で冷やしたそうめんを食べ、「虱《しらみ》は塾中永住の動物」で、誰一人としてこれを免れることはできない。虱を殺すのに熱湯を使うのは洗濯婆《せんたくばばあ》の旧筆法で、厳冬の霜夜に襦袢を物干しに晒《さら》して虱の親も玉子《たまご》も一時に枯らした。

牛鍋屋《うしなべや》に代わって豚を殺し、そのお礼として豚の頭をもらい解剖学的に調べて煮て食べた。医者と薬屋が緒方の書生に頼めば熊胆《ゆうたん》が無傷で取れるとの魂胆で、熊の解剖を頼んで帰っていったのを見破り、「これは一番こねくってやろう、塾中の衆議一決」で、諭吉は先方へ掛け合いの原案者、原案の清書をする者、脅迫する者、普段の真っ裸ではない袴羽織に脇差しをさした緩急剛柔の応接係などと七、八人がかりで、平謝りさせ、さらに酒を五升に鶏と魚か何かを持って来させて、それで手拍《う》ちとし、塾中で大いに飲んだ。

市中で大げんかの真似をして、そうすると通りの店はバタバタと店を閉め、ただそれだけで意味はない。塾中の奇談として、遊女の置き手紙の偽造で真面目な塾生（手塚良仙）を騙したり、欺いてふぐを食わせたり、料理茶屋の猪口《ちょこ》や小皿を盗んだり、難波橋から三味線を鳴らしている茶船に小皿を投げつけたり、禁酒するには煙草を吸うのがよいと、みながよってかかって諭吉を喫煙者にしようと愚弄し、諭吉は一ヵ月で酒と煙草の両刀遣いになってしまった。

このように塾生の乱暴や塾生間の悪ふざけのエピソードは数多い。塾生は乱暴ではあったが、塾生同士、お互いの間は仲がよかった。

諭吉は塾長にもなったが、塾長には何も権力はなく、同窓生の交際《ツキアイ》にも少しも軽重はないとい い、適塾では武士や医師・町人みな平等であった。このように塾生活は実に自由闊達なものであったことが、『福翁自伝』の「緒方の塾風」から知ることができる。

また、塾生が幕末の世情に悲憤慷慨したからであろうか、二階の塾生大部屋の柱には無数の刀痕が刻まれている。

洪庵はこのような奔放で血気盛んな塾生を厳しい塾則で拘束することもなく、自由に伸び伸びと生活し学べるように努めた。

一方、目に余る怠惰やあまりの不埒には厳罰で処した。『福翁自伝』で門限があったことは記されており、門限に遅れた塾生を叱り、酒楼に一泊した際には帰塾を許さなかった。

洪庵の師である坪井信道は息子の信友を洪庵に預けたが、信友には怠け癖があったようで、洪庵の怒りを買い、いったん江戸へ返された。後に反省し広瀬旭荘に再入塾の取りなしを頼むと、洪庵は信友が本当に己に克ち過ちを改めれば、これを許すとした。師の息子にさえ洪庵は甘くは接しなかった。

▼三▲ 語学教育

適塾ではまずオランダ語を学んだ。その語学教育は日常会話ではなく文法からであった。テキストは文法の『ガランマチカ』と構文・文章論の『セインタキス』の二冊で、これらは『和蘭文典《わらんぶんてん》』として一八四〇年代に出版され、広くオランダ語のテキストとして用いられたが、日本語訳はなくオランダ語の原書であった。

適塾では洪庵が初心者に直接教えるということはなく、上級生が下級生を指導した。初心者はまず『ガマンマチカ』を学び文法を理解してから『セインタキス』に続き、先輩にその文章を暗記できるようになるまでくり返し通読する素読の指導を受け、先輩の講釈を聴いた。このようにして文法と文章に通じた後に原書の会読（輪講ともいう）に参加する。塾生の勉強については『福翁自伝』とともに長与専斎《ながよせんさい》の自伝『松香私志《しょうこうしし》』が詳しく、両書に拠ると、会読とは、生徒が十人なら十人、十五人なら十五人に対し、洪庵に選ばれた塾頭かその補佐の塾監、あるいは一級の塾生が会頭として塾生の読むのを聞いて、参加塾生を評価するもので、月に六回ほど行われた。月に六回のいわば試験となる。

会読の前には原書を写さなければならない。原書は物理書と医学書で一種類に一部あるだけなので全員で一緒に写すわけにはいかず、籤《くじ》で順番を決めた。一回の会読分は半紙で三枚から五枚程度を筆写した。写本が済めば会読に向けての準備となるが、会読からは自分自身の研究であり、講釈をしてくれる人もいなければ読んで聞かせてくれる人もいない。内緒で教えることも聞くことも書生間の恥辱となり、これを犯すものもいない。ただ自分一人でそれを読み砕かなければならない。文典を理解するにはオランダ語の辞書が要る。

適塾には貴重な『ドゥーフ・ハルマ』の写本が一冊しかなく、七〜十巻に分冊となっていた。この辞書が置かれていたのが「ヅーフ《ママ》部屋」で、現在公開されている適塾では二階の六畳ほどの部屋であり、持ち出しは許されない（長与専斎は三畳といい、また、一階にあった可能性も指摘されている）。勉強が進みヅーフでわからなければウェーランドというより高級な辞典にあたる。

明日が会読という日はいかに怠慢な塾生でも寝ることができず、ヅーフ部屋で五人も十人も群れをなして無言でヅーフを引いて勉強する。専斎によれば、百人もの塾生がこの一部のヅーフを杖とも柱とも頼みとし、ヅーフ部屋に入れ替わり立ち替わり詰め入って、ヅーフを前後左右に引っ張り合った。各塾生は容易にヅーフを手に取ることはできず、昼間は字義の詮索も十分にはできず、深夜に及んでもヅーフ部屋のロウソクの灯りは消えることがなかった。専斎は塾中での雑談で「字書を坐右に控え原本にて書を読むことを得ば天下の愉快ならんといい合えり」と言う。また、当時、原書を読み習うにはぜひともこの困難にあわなければならず、このような不自由で刻苦した学問はかえって造詣も深くなり、当時の蘭学の知名の士は、この不自由な適塾で迂路険道《うろけんどう》（遠回りでけわしい道のり）を通り越した人々が多かった。

会読でも席順は籤《くじ》で決め、順番に自分に割り当てられたところを講じ、次席の者が問いをかけ、順次末席にまで至る。一問ごとに会頭は勝敗を判定し、できた者は白玉、できなかった者は黒玉、よくできた者は白い三角となりこれは白玉の三倍くらい優秀とされた。

先に塾生は大いに酒を飲んだとふれたが、諭吉によれば、たいていは会読が終わったその晩か翌日であったようだ。実力を養ってそれを評価されるのみで、塾にいた期間の長さで昇級したり卒業するということはなく、大概の塾生は会読の日が近くなると非常に勉強し、よく原書を読んだという。

塾の等級は七、八級くらいに分かれ、毎級第一番の上席を三ヵ月占めていれば昇級するという規則であった。そのように次第に昇級すれば、ほとんど塾中の原書を読み尽くしてしまう。そうなると実用もない原書の緒言とか序文のようなものを集めて最上等の塾生だけで会読をしたり、先生である洪庵の講義を聴いたりした。洪庵の講義について諭吉は次のようにいっている。

その緻密なることその放胆なること実に蘭学界に一大家、名実共に違《たが》わぬ大人物であると感心したことは毎度のことで、講義終わり塾に帰って朋友相互《あいたが》いに「今日の先生の彼《あ》の卓説は如何《どう》だい。何だか吾々は頓《とみ》に無学無識になったようだ」などと話した（『福翁自伝』）。

洪庵の蘭学に対する学識の際立つ高さを示しているが、その原書の解釈は緻密である一方、放胆である点に注目する必要がある。字句に拘泥することなく、その要旨を意訳し重んじたのが洪庵の学風であり、それが塾生を伸び伸びと育てた。

▼四▲ 物理学と化学実験

教材の原書は医学に限らず、物理、化学その他にわたった。しかし、適塾の原書が他に比べ豊富であったわけではない。

筑前黒田公が大坂に寄った際に、洪庵が『ワンダーベルト』（後に著者名と判明）という最新の英書をオランダ語に翻訳した物理書を借りてきた。ファラデーの電気説を土台に電池の製造法も書かれており、塾生一同は驚くばかりで直ちに魂を奪われた。一千ページもある大部の黒田公の蔵書をばらばらにするわけにもいかず、借りられる間でおわりのエレキトルのところだけを写本することとなった。一人が原書を読むと一人が写し、写す者が疲れるとほかの者に交代し、昼夜の別もなく休まず、図も写し、およそ二夜三日の間に、合わせておよそ百五、六十枚ほどになった。黒田公出立で返却する際には、「私共はその原書を撫《な》でくりまわし誠に親に暇乞《いとまご》いをするように別れを惜しんで還した」といい、この懸命の写本で、適塾はエレキトル、電池に関しては日本国中最上の点に達したともいう。

塾生は化学の実験も行った。諭吉らは原書を参考に塩酸をつくり、塩酸に亜鉛を溶かして鉄に錫《すず》のメッキをほどこし「鋳掛屋《いかけや》の夢にも知らぬことが立派に出来たというようなことが面白くて堪《たま》らぬ」と大喜びした。また天満の八百屋市で昆布などの海草を買ってきて、炮烙《ほうろく》（素焼きの土鍋の一種）で煎って、ヨードをつくろうとしたが、これは失敗した。

アンモニアをつくるには馬の爪の削り屑を鼈甲屋《べっこうや》からもらってきて、塾の狭い庭で徳利に入れて蒸し焼きにして抽出するのであるが、これが実に臭い。臭気が着物や身体にも染みつき、夕方湯屋へ行くと、その臭気に犬も吠え、塾のお手伝いにも胸が悪くてご飯が食べられないと言われ、周囲からも文句を言われる。結晶せずになかなかうまくいかず、諭吉は退散したが、気の強い塾生はせっかくここまで仕掛かったのだからと、淀川に粗末な船を浮かべ船頭を雇い、その船に七輪を積み込んで今までどおりの臭い実験を続けるのであるが、その煙が陸《おか》に吹き付けられては苦情が出て、その度に川を上下に逃げ回って実験した。

製薬に重宝だったのが、徳利であった。酒屋から酒を取り寄せた際に、酒は飲んで徳利は返さず、不審に思った酒屋が塾の使用人に尋ねると、塾生は酒よりも徳利に用があるとわかり、以降、酒屋は酒を持ってこなくなり、困ったこともあった。

諭吉は物理・化学を工芸技術と総称しているが、器械も化学も原書でその道理はわかってはいるものの、徳利一つにしてもいかんせん道具がない。原書を見てその図を写して似たようなものをつくるところからはじめるという、いちから道を切り開くための大変な苦労が常につきまとった。

▼五▲ 医学と解剖

適塾では犬猫はもちろんのこと、刑死人の解剖も行った。

解剖に先んじて普段から医学の実習もあり、塾生はお互いに、刺胳《しらく》といって皮下の小静脈を針で刺して悪い血を抜く練習をしていた。諭吉は気が弱く殺生や人の血をみることが大嫌いで、自分でも他人でもその血の出るのを見ると心地よくなく、刺胳といえば眼を閉じて見ないようにしていたという。

刑死人の解剖は奉行所の許可により、洪庵の師であった中天游や橋本宗吉らが解剖を行っていた千嶋新田と堀川の間の葭嶋という刑場で行われた。刑場までは淀橋から船で赴き、伊藤慎蔵がその日感冒で欠席した洪庵の代理を務め、適塾生は十人ばかり。船には適塾という小幡を掲げた。すでに分家していた緒方郁蔵も塾生とともに別の船で参加し、南塾という船印が掲げられていた。刑場では小屋を建て解剖所とした。罪人は二人で頭部二個、身体二個が四ヵ所の解剖台に置かれた。適塾生が一体二頭を担当し、南塾に対して主導的な役割を果たしていたようだ。解剖時には逐一討論がなされ、見学者がそれぞれ筆記し、六十人ばかりが参加した（『続洪庵・適塾の研究』所収「佐貫藩侍医の『三枝俊徳日記』記事抜粋」に拠る）。

洪庵が記した嘉永六年（一八五三）の「癸丑年中日次之記」（『緒方洪庵伝』所収）では、三月二十五日に「解剖之事に付き東西役所へ罷出る」とあり、二十七日に解剖に出席し、二十八日には解剖のお礼に両奉行所に赴いている。

適塾は蘭学・蘭方医学の塾であり、諭吉によれば「医師の塾であるから政治談は余り流行せず、国の開鎖論をいえば固より開国なれども、甚だしくこれを争う者もなく」ということではあったが、漢方医は敵視した。適塾の近くの中ノ島に世界初の全身麻酔手術で知られる華岡青州の塾があり(和歌山の春林軒の分校の合水堂)、その塾生の身なりは適塾生にはなく立派で、往来で出会う度に言葉も交えず互いににらみ合って行き違ったその後で、適塾生たちは漢方医流の無学無術を罵倒した。医者が憎ければ儒者まで憎くと、漢方医にとどまらず漢学書生を見ても嘲笑するばかりであった。

▼六▲適塾と大坂書生の特色

適塾の塾風は自由闊達で、塾生は乱暴狼藉をはたらいたが、勉強はというと、もうこれ以上にはないという猛勉強で、そのレベルは高かった。諭吉は「学問勉強ということになっては、当時世の中に緒方塾生の右に出る者はなかろうと思われる」、「およそ勉強ということについては、実にこの上に為ようはないというほどに勉強しました」と言う。また、「緒方の書生は学問上のことについては一寸《ちょい》とも怠ったことはない。その時の有様を申せば、江戸にいた書生が折節《おりふし》大阪に来て学ぶ者はあったけれども、大阪からわざ〳〵江戸に学びに行くというものはない。行けば則《すなわ》ち教えるという方であった」とも言う。

諭吉は江戸と大坂の事情の違いについて次のように考えていた。江戸には幕府や諸藩大名がいて翻訳の返礼など生計の道が多く、書生が大名に抱えられ昨日までの書生が今日は何百石の侍になったということもまれにある。一方、大坂は町人の世界で武家というものはない。そこで、適塾生が偉い学者になっても実際の仕事や衣食に縁がない。自分の将来を考えることもなければ、名を求めることもない。勉強にはおのずから楽しみがあり、「西洋日進の書を読むことができることは日本国中の人に出来ないこと」で、むしろその目的がなかったのがかえって幸せで、江戸の書生よりもよく勉強ができたのであろう、と述べている。さらに、出世のためにあくせく勉強するということでは決して真の勉強はできないだろう、就学勉強中はおのずから静かにしていなければならない、とも言う。

諭吉のこの記述は、学問それ自体の楽しみ、大坂の西洋学問の経緯と成り立ちを説明しているが、後のち適塾出身の多くが日本の近代化に大きく貢献しまた要職に就いたことを考えると、名利を求めることなく学問それ自体に集中すれば結果は自ずからついてくることを示唆していよう。

適塾は、蘭方医の緒方洪庵が蘭方医学を講じオランダ語の語学教育を行い、さらに物理学や化学も含んだ広く蘭学全般を対象とする技術実地の私塾であった。長与専斎は『松香私志』で、「元来適塾は医家の塾とはいえ、その実蘭書解説の研究所にて、書生には医師に限らず、兵学家もあり、砲術家もあり、本草家も舎蜜《セイミ》（オランド後のセーミ、理化学）家も、およそ当時蘭学を志す程の人はみなこの塾に入りてその支度をなすことにて」と言い、「余が如きは読書解文のことをこそ修めたれ、医療のことはなお全く素人に同じく、医師たるの業務は何とて心得たることなければ」と続ける。専斎は後年医師として大成し、日本の医療衛生制度の確立に大きな足跡を残すわけであるが、適塾ではオランダ語の修得に注力し医学を十分には学べなかったことがうかがい知れる。医学の分野に限らず福沢諭吉の思想や大村益次郎の兵制など、適塾は広く西洋の学問と技術を日本の近代化に向け普及する大きな源流となった。

▼七▲　漢学と蘭学

適塾はこのように蘭方医学のみならず、むしろオランダ語の語学教育や広くオランダ語による西洋の物理や化学の文献学習と実地研修を行っていた。当時日本における最先端の洋学は蘭学であり、また、主に蘭書を通じた西洋医学の勉強であった。それは、鎖国という幕政の下、「西洋」とは長崎の出島を窓口としたオランダを介して入ってくるものであったことによる。

適塾は前節で紹介した長与専斎の述懐にも見る通り、オランダ語・蘭学の講究の一大拠点であったわけであるが、洪庵が漢学を重視していたことにあらためて注目する必要がある。『病学通論』の「題言」では「文を学ぶの余暇を得ず」と、漢文・文章をよく学ばなかったので、オランダ語の翻訳力は十分なものではないと釈明している。二男惟準と三男惟孝にオランダ語・蘭学を学ぶ前に漢学を習得させようとしたことは先述した。また、福沢諭吉は適塾入塾以前に、大鳥圭介は閑谷学校で、漢学を学んでいる。つまり、漢学・日本語に通じなければ、オランダ語・蘭学は身につかないということであろう。

司馬遼太郎の『胡蝶の夢』は、松本良順を中心に蘭学・蘭医学の勃興と苦難を描いているが、その主人公の一人語学の天才・島倉伊之助は蘭学における漢学の有用性を示唆している。現実の伊之助とは佐渡出身で松本良順とポンペに師事した医学者・語学者の司馬凌海のことで、日本初の独和辞典を編集し、後藤新平の師でもあった。彼は蘭・英・独・仏・露・中の六カ国語に堪能であった。あまりに上手に話すのでドイツ人医師から「あなたは何年ドイツにいたのか」と聞かれたというエピソードが伝わる。もちろん、海外に出たことはない。凌海はポンペの授業を同時に通訳していくのであるが、今日のように和訳辞書があるわけではなく、そもそもオランダ語・外国語に対応する単語がない場合も多い。しかし、凌海はすぐさま日本語で造語していく。Eiweiße たんぱく質、Stickstoff 窒素、Zwölffingerdarm 十二指腸などが凌海の訳語だと言われている（いずれもドイツ語）。このように通訳に秀でていたのは、漢文に精通していたからである。凌海は幼少時に徹底して漢文を学んでいた。語学の天才性については脳の器質によるともされる（サヴァン症候群とも言われ、南方熊楠にも脳の器質の指摘がある）が、漢学の熟知が外国語理解と的確な通訳を大いに助けた。

幕末の動乱が高じ、さらに開国に大きく舵がきられ英仏米露との外交・交易がはじまると、オランダとオランダ語の地位は相対的に下がり、イギリスやフランス等の学問や技術が重んじられるようになっていく。漢学を土台にしたオランダ語・蘭学は時代の要請に従って、その主役の座を英語等へ譲っていく。蘭学の大家ですでに「老武者」であった洪庵は、英語の興隆を見通してもいた。英語を習得するに際してオランダ語を習得していたことの意義は後述するが、さらにその土台としての漢文・漢学の習得の意味を洪庵は知っていたといえよう。

昨今、企業経営がグローバルになり、また、経営トップに欧米人が就任するようになり、英語力が求められ、社内用語が英語になった企業もある。英語は大切であるが、英語でのみ思考し、生き、仕事をしていくような場合を除いて、英語ができても日本語の読み・書き・話しができなければ、その人材は用をなさない。実際には日本人の語学力の基礎として、日本語の重要性はますます増しているのではないだろうか。外国語に長けた諭吉や熊楠の日本語の文章はすばらしい。

▼八▲　幕末の動乱

幕末の激動に向かって、洪庵と適塾も変貌する。

嘉永七年（安政元年、一八五四）一月十六日にペリーが軍艦七隻を率いて再び来航した。三月三日には日米和親条約が締結された。洪庵は甥の大藤高雅《おおふじたかつね》への手紙で、近日にロシアも浦賀へ来るとのことで覚悟すべく諸大名へ達しがあったそうで、このような形勢になった以上は引き続きイギリスもフランスも来るであろうし、その内に不測の変も起こるかもしれないと案じ過ごして、実に夜も寝られず、「何卒国威が陥らず様にと天地を禱る」ばかり、と書いている。また、「実にこの節柄天下の御一大事」といい、二百年余りも江戸幕府の恩沢に浴しながら、ウカウカと寝食を安んじている時節ではなく、身分相応の忠節を尽くしたく思うものの、ウジ虫同然の身分で何をしても省みる人はなく、ただ憤慨して日々を暮らすのみで、しかしながら野に生きる遊民としてむなしく過ごすことは恐れ多く、「当時は病用相省き、専ら書生教導いたし、当今必要の西洋学者を育立候積に覚悟し、先づ是れを任といたし居申候」と述べ、幕末の政情不安に対し、病人の診療を控えてまで、教育に力を入れ、西洋学者を育てようと覚悟の胸中を綴っている。

同年九月、プチャーチンが乗ったロシアの軍艦ディアナ号が大坂の天保山沖に来航し、未曾有《みぞう》の大騒ぎとなった。大坂の町奉行は洪庵に通訳を依頼してきたが、塾頭の伊藤慎蔵《いとうしんぞう》と栗原唯一《くりはらただかず》が洪庵の代理として赴き布野雲平《ふのうんぺい》が通詞に化けて同伴し、おそらくオランダ語で書かれた文書を翻訳し応接にあたった（緒方郁蔵と洪庵が通訳にあたったとする郁蔵の回顧もあるとされる）。適塾生の面目躍如であった。

また、安政三年（一八五六）七月にはアメリカ総領事のタウンゼント・ハリスが来日し幕府と通商交渉を始めているが、洪庵は十二月の江戸の箕作秋坪《みつくりしゅうへい》への手紙で、米国との交易がいよいよ御免（許可）になるのはさもあるべきことと言い、オランダ語でスタート（staat 国家）のオムウェンテリング（omwenteling 転換）は喜ぶべきか畏れるべきか、何卒ほどよくウェンテレン（wentelen 転換する）いたすよう祈るところと記している。オランダ語で書いているのは一般人には文意がわからないようにするためであろう。この手紙によって洪庵は、日米間の交易と開国を歓迎していることがわかる。適塾門下の学者・学生の活躍を願ってもいたのだろう。

洪庵は西洋医学に関してもその変転を察している。長与専斎が適塾で学んだ後、江戸へ遊学したいと相談すると、次のとおり答えている。

「今江戸に出でて某々先生の門に就きて治療の修業をなしたればとて、日本流の蘭法の療を見習うまでのことにて、さして益することはあるべからず、幸いに今蘭医ポムぺといえる人長崎にありて医学伝習の事をはじめ、幕府の医官松本良順この人に親灸して諸藩の人々にも傍聴を許さるるよし。これこそ我が蘭学一変の時節到来して千載の一時とも謂うべき機会なれ、されば足下は長崎に下り蘭医に就きて直伝の教授をうけ大成を期せらるべし」と説いた。ポンペの動向について「蘭学一変の時節到来」と判断している。また、洪庵が自らの蘭医学に固執することなく、長崎遊学を勧めていることに留意したい。洪庵の時流を洞察する際の賢明さと己の学問範疇にこだわらない寛容力のあらわれであろう。江戸蘭医学を日本流の蘭法として、適塾生にとっては新たに学ぶべきところのないものとも評している。

▼九▲ オランダ語から英語へ

嘉永二年（一八四九）に大坂の長柄川（現在の新淀川）の河口付近で川底から純金の器物が引き上げられた。この器物には西洋文字が記されており、広瀬旭荘が緒方洪庵に見てもらったところ、洪庵は「オランダ文字ではなく、イギリスの文字であろう」と答えている。おそらくその綴りから英語と判断したのであろう。

洪庵は安政年間に入ると英語への関心が高まり、安政五年（一八五八）頃、江戸で英語を学んでいた布野雲平（ロシア艦ディアナ号応接に加わり、安政年間に松江藩士に登用され、後に蕃所調所出役・教授手伝、松江藩江戸藩邸の洋学教授となり、福沢諭吉の塾でも教える。洪庵の碁のよい相手であった）に、「英音《えいおん》、墨音《ぼくおん》、心得置きたく候《そうろう》」とイギリス発音とアメリカ発音の区別を尋ね、アルファベットの五十音に片仮名でルビをつけることを依頼している。

万延元年（一八六〇）には江戸の箕作秋坪を通じてボムホフ英蘭対訳字書とピカルドの小型の英蘭辞書を約一四両を投じて購入している（ボムホフは一五ドル、ピカルドは一〇ドルで、当時の日本では合わせて一四両ほどになり、現在価値で百万円以上すると思われる）。

同年の岡山の蘭医の石井宗謙に宛てた手紙では「今の時代に開くべきは英学であるところ、しかるべき人材がなく、英学はとかく遅滞している」と述べ、宗謙の息子でその才能が認められた信義には長崎で英語を学ぶことを勧め、従来の蘭学では今や少し不足で、まさに今を開く英学より豪傑が生じる時節でこの機を失するべきではないと説いている。洪庵は翌年、三男の惟孝にも長崎で英語を学ばせている。

諭吉は江戸に出て横浜見物に行ったところ、外国人と少しも言葉が通じず、店の看板もビンの貼紙もわからず、知っている文字はなく、英語かフランス語か一向にわからず、実に落胆したと記している。これまで数年の間で死物狂いになってオランダの書を読むことを勉強したが、今は何にもならないと一度は落胆したが、同時にまた新たに志を発して、これからは「一切万事英語と覚悟を極《き》めて」、英語を学ぶことにした。

一緒に英語を学ぼうと、学友の神田孝平に声をかけるが、英語はいかにも難しく今のところはやらないと言う。村田蔵六（大村益次郎）に勧めるとオランダ人が翻訳するからそれを読めばよいと同意しない。結局、一人で勉強することになった。『福翁自伝』に次のようにある。

詰まるところは最初私共が蘭学を捨てて英学に移ろうとするときに、真実に蘭学を捨ててしまい、数年勉強の結果を空《むなし》うして生涯二度の艱難辛苦と思いしは大間違いの話で、実際を見れば蘭といい英というも等《ひと》しく横文《おうぶん》にして、その文法も略《ほぼ》相同じければ、蘭書読む力はおのずから英書にも適用して、決して無益でない。水を泳ぐと木に登ると全く別のように考えたのは、一時の迷いであったということを発明しました。

後の大村益次郎、村田の返事は学者・思想家というよりもやはり軍略家のようであり、「蘭書読む力はおのずから英語にも適用して、決して無益でない」との諭吉の弁は「学」を志すものには示唆に富む。人生と勉学に無駄はなく、適塾での蘭学修業に大きな意義があったということである。

万延元年（一八六〇）一月、日米修好通商条約批准のため、幕府は咸臨丸で使節団を送ることになり、諭吉は遣米副使で艦長の木村喜毅《きむらきよしたけ》の従者として、同じく適塾出身の牧山修卿《まきやましゅうけい》は軍艦付き医師として加わった。洪庵は諭吉らの渡米に際して箕作秋坪宛てに、羨ましいことで、「老武者」は何事も間に合わず、残念の至りと書いている。「老武者」洪庵はこの時五十一歳である。また、洪庵はこの遣米使節を秋坪に「開闢来《かいびゃくらい》の一美事《いちびじ》」「皇国の大幸」と言い、諭吉らの無事の帰国を自分のことのように喜んでいる。

諭吉には語学の才能があるようで、諭吉ははじめに長崎に遊学した際に薩摩藩の医学生の松崎《まつざき》鼎甫《ていほ》にオランダ語の手ほどきを受け一年ほど勉強していたので、適塾では三年ほどの間に同窓生八、九十人の上に頭角《とうかく》をあらわし、後年に松崎が適塾に入門した折には諭吉は会頭として上級であり、「今昔《こんせき》の師弟アベコベ」とその時の愉快はたまらず独り酒を飲んで得意がっていたという。松崎はさらに江戸で村田蔵六の鳩居堂に学んでいる（松崎の鳩居堂入塾は『大村益次郎資料』「鳩居堂謝儀」に見える松崎昆甫のことであろうか）。

諭吉の英語の上達ぶりも、江戸へ出て三年ほどで遣米副使に選ばれるくらいであるから、相当のものであったろう。

第五章　医師としての活躍

一　高まる評判

当時、大坂では相撲の番付に見立てて開業医のランク付けをする医師番付表が、薬種商などの広告として発表されていた。洪庵は天保九年（一八三八）に適塾を開いた二年後の天保十一年（一八四〇）九月の番付に「東の前頭四枚目」で初めて登場した。弘化二年（一八四五）四月には「東の関脇」、同四年（一八四七）五月には「西の大関」に登りつめた。当時横綱はなかったので、最高位にランクされたことになる。江戸に将軍奥医師として赴任するまで、洪庵は大坂

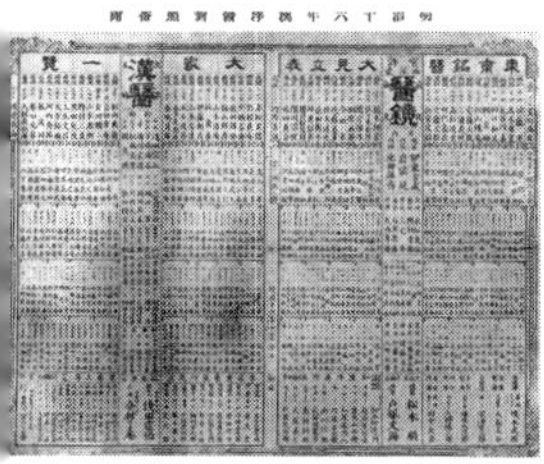

医学界の重鎮であった。洪庵は郷里の両親にたびたび番付表を送り、父の佐伯惟因はすぐに返事を書き、息子の出世を喜んでいる。

義弟の大戸郁蔵も医師番付の上位に掲載されている。

町医として開業した洪庵であったが、早くも開業二年目の天保十年（一八三九）には足守藩主から大坂蔵屋敷での診療が評価され、「格別の思召しを以て三人扶持」を受け、なお「医道に精を出すように」と申し渡されている。

洪庵は本道（内科）で診療をはじめ、蘭方で最も高名な医師として評されたが、外科としても名前があげられるようになった。「胸部流注症」の外科手術も行っている。

江戸時代の医師は今日と違い往診で患者を回るのが普通で、その合間に、自宅で外来患者を診た。洪庵もそのような形で診察しており、適塾では塾生が代診した。洪庵の日記には「回勤」と記されている。正月元日と体調不良や用事がある日のほかは回勤を欠かさず、かかえている患者が多かったことがわかる。

嘉永元年（一八四八）九月二十八日には「増俸進班」いわば昇給の内祝いとして洪庵による招宴が開かれ、広瀬旭荘らが参会しているが、東京高林寺の洪庵墓碑銘に「列侯東観、経大坂者罹疾必求診、木下侯召見。給俸八口為藩侍医」とあり、藩主木下侯が大坂に寄る際には洪庵がその疾病を診て、藩主の侍医として八人扶持が与えられたことを示している。

このように洪庵の患者は町人から次第に武士階級や富裕層になっていき、往診先は大坂城内や東西奉行所、天満与力といった武家や役人、時に「別駕」で迎えに来る上層町家が多くなった。洪庵は地位や身分を区別することなく対等に接し診療することを信条としていたが、洪庵の医師としての地位が向上するにつれて、庶民は畏れ多く思い、高名な洪庵を敬遠し、気軽に診てもらえる塾生の方を好んだのであろう。

洪庵は武士という身分であり侍医である。藩医としての格式を重んじ大小を差した洪庵は、諭吉によれば町人の町である大坂の風儀に合わず、かげ口をたたかれたこともあった、と言う（『福沢諭吉全集』第一九巻）。

また、「緒方先生学を好んで医業を厭う」（同前書）と、学者を志した洪庵が現場での診療に時間を費やすことを嫌った本音を漏らしたとも述べ、洪庵は「なにぶん糊口という鬼に追われてはいかなる豪気もクジケ申候」とも金沢の黒川良安への手紙で吐露している。塾生の入門料や藩医としての収入があっても、子だくさんの家計や使用人への支払い、塾生の世話などで支出が多く、学者としては厭いながらも診療を続けなければならなかった。

具体的な治療に関しては、広瀬旭荘の日記「日間瑣事備忘《にっかんさじびぼう》」（『広瀬旭荘全集』、『緒方洪庵と適塾生――「日間瑣事備忘」にみえる――』所収）でその一端がうかがえる。嘉永元年（一八四八）六月二十七日、旭荘の歯痛に対し洪庵は痛み止めの薬は処方せず、人の血を吸う「水蛭《みずひる》」を頰に貼り付けた。嘉永六年（一八五三）三月十三日に適塾に診察を受けにきた旭荘を、洪庵は流行の熱病と診断し、さらに肥満のため中風のおそれがあるとし、刺絡を施し薬を六包処方している。

万延元年（一八六〇）十月、旭荘夫人の産後の肥立ちが悪く、家庭医のほか洪庵が往診し、二十三日には回虫のおそれがあると診断してセメンシナの丸薬八包を処方した。二日間飲むように指示された夫人は、翌日、回虫を三匹排出した。セメンシナは回虫駆除の特効薬として知られていた。また、洪庵は西洋の便秘薬を処方しているが、夫人は自らウルユスを買いウルユスの方が効いたと言っている。ウルユスとは日本初の西洋名の胃腸薬である。この一ヵ月ほど洪庵と代診の門人が数回にわたり夫人を往診しているが、旭荘は十二月三日に洪庵に薬代の謝礼として金一両と菓子一箱、門人に金二朱（金一両の半分）を贈っている。

すでにふれているが、洪庵は外科の手術も行っている。医師の友人である堺の吉雄玄素《よしおげんそ》が連れてきた弟琢蔵《たくぞう》を、洪庵は胸に腫瘍ができた胸部流注症と診断し、ドイツ人医学者モストのオランダ語版医学書の流注の部分を塾頭の伊藤慎蔵に翻訳させ玄素に送った。一ヵ月後に腫れがひどくなり琢蔵が治療を頼みにきた。洪庵はまず花岡順平（華岡準平）と歌仲間で蘭医の大田雲若に診察を頼み、その後、自ら患部を切開して膿を出したと思われる手術を行い、翌日、琢蔵を駕籠で送らせた。その二日後に玄素より金百疋と鯛一匹が届いていることから手術は成功したと思われる。諭吉によれば適塾生は華岡一派を漢方医として敵視していたが、洪庵は順平と交流していたことがわかる。

　また、ほかの医師仲間から患者が送られてきたり、手紙で診療の意見が求められたりしており、そのたびに洪庵は丁寧に対応している。

　なお、諭吉が腸チフスに罹った時は、「おれはお前の病気をきっと診てやる。診てやるけれども、おれが自分で処方することは出来ない。何分にも迷ってしまう」と言い、内藤数馬《ないとうかずま》という友人の医師に処方を託し、洪庵は毎日容体を診て病中の摂生法を指図するだけであった。このことは先に述べたように、諭吉に対していわば親子の情が生じているため、診療するにあたって冷静な判断が下せないという洪庵の人間性をあらわしている。諭吉は「昔の学塾の師弟は正《まさ》しく親子の通り、緒方先生が私の病を見て、どうも薬を授くるに迷うというのは。自分の家の子供を治療してやるに迷うと同じことで、その扱いは実子と少しも違わない有様で」、「私は真実緒方の家《うち》の者のように思い、また思わずに居《お》られません」と述べ、「実父同様の緒方先生の深切」と感謝感激している。

▼二▲洪庵の薬箱

今日、洪庵が使用したと思われる二つの薬箱が知られている。一つは若い頃のものと言われ、生薬が中心の大きなもので、高さと幅は約三〇センチであり、奥行きは約二〇センチで、最上段は上蓋をかぶせる形で第二段から下は五段の引き出しとなっている。持ち運びができるよう外箱があり、帯で固定する。最上段には二種類の薬液瓶が五本残され中身は空である。第二段はメスなどの収納スペースであるが、赤さびたへらのようなものが残されているのみで、他の段と合わせ生薬の薬袋が約七十袋収められている。薬袋の内容物は蘭方用薬が多いが漢方薬もある。

もう一つは後年に使用されたと思われる小さなもので中身はガラスの瓶物が多い。蘭方医は漢方医に比べ、化学薬品を多く用いた。製薬技術の向上に伴って剤形が変化し、容量は小さくなり薬箱も小型化できた。小さな薬箱の方には生薬類よりも粉剤、液剤、エキス、油剤が収められていた。もっとも洪庵は漢方薬も代用し、より適切な治療に向け薬種をそろえ多用している。

当時の診療は今日と大きく異なり往診が普通であることを述べたが、往診先で症状に応じ薬剤を用いて治療するには薬箱の携帯が必要で、内科を中心とした洪庵にとっては薬剤を多く収めた薬箱が大切であった。

適塾には今日の薬局や病院の調剤室にあたる薬室があったとも推測されるが、定かではない。適塾から二丁ほど南へ行くと薬の街として栄えた道修町《どしゅうまち》があり、日本国内の薬の流通の中心地であり、洪庵は主にこれら薬の専門業者の売薬を使用していたと思われる。

洪庵はできあいの薬をそのまま処方するのではなく、患者の容体によって変えるのが医師の力量であるとした。しかし初心者には一定の処方の指針が必要と考え、処方の書もまとめている。開業した洪庵はすでに薬物の知見は豊富であったと思われるが、薬物に対する探究心はその後もとどまることはなかった。

門人の中村恭安（医師かつ化学者で医療・科学関係の多くの翻訳原稿を残す）への手紙で、オランダの薬の辞書を「渇望」し博多の武谷祐之に購入を依頼していると伝え、中村恭安がベッツ（ベーツ）のドローゲレイエン・ヲールデンブック（乾燥薬＝生薬の辞典で洪庵は乾薬韻府と訳している）を翻訳しているのを草稿でもよいから見たいので、よければ送ってほしいと熱心に頼んでいる。洪庵が薬の知識や情報の収集に実に熱意を持っていたことがわかる（以上、『洪庵のくすり箱』に詳しい）。

なお、この手紙の末文は「為道為人千万御自重所祈候」「道のため人のためくれぐれも自重ください」と結ばれ、洪庵の志と弟子を思う気持ちがうかがえる。

第六章　西洋医学者としての貢献

▼一▲修業時代の翻訳

洪庵には医師と教育者のほかに、西洋医学を研究し日本に普及させたという、研究者、医学者としての貢献がある。その業績は自身の診療に活かされただけでなく、日本の医学の水準を大きく発展させた。具体的には西洋医学書の翻訳であり、ここでは主だったものを紹介する。なお、以下、経緯等は緒方富雄氏の『緒方洪庵伝』に拠って略述する。

洪庵は修業時代、坪井信道のもとでドイツ人医師ローゼの生理学書のオランダ語本を『人身《じんしん》窮理《きゅうり》学《がく》小解《しょうかい》』として訳した。

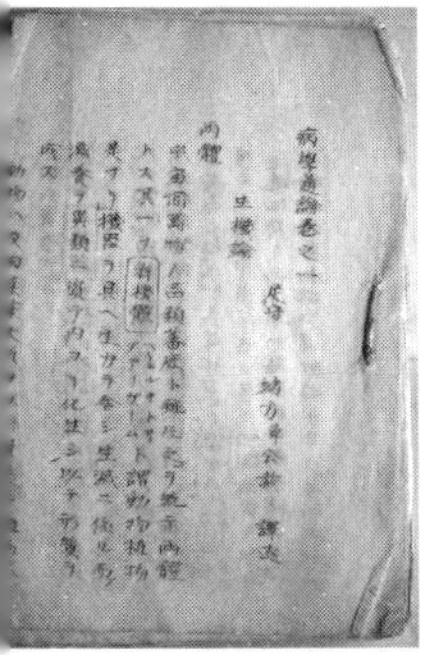

本書は天保三年（一八三二）、洪庵二十三歳の時の最初の翻訳書で、基礎医学における業績であり、生理学書として写本によって広く読まれた。

天保五年（一八三四）には医薬品に関するラテン語・オランダ語の術語を集めた和訳の『薬品術語集』の増補がある。この辞書はオランダ語でM・S・ケンゾウが著し、後にO・G・サンペイ（緒方三平すなわち洪庵）が改訂増補しアルファベット順に配列したと書かれている。本書も長きにわたり重用されたが、原作者のケンゾウは知られておらず、洪庵の増補の意義が大きいといえよう。宇田川榛斎の遺言により榛斎の大著『遠西医方名物考』の補遺編に度量衡の算定（換算）を加えたことはすでにふれたとおりで、翌天保六年（一八三五）に凡例として刊行された。洪庵が長崎遊学へと向かった天保七年（一八三六）には、宇田川榛斎の兄弟弟子にあたる箕作阮甫《みつくりげんぽ》が日本初の医学雑誌である『泰西名医彙講《たいせいめいいいこう》』を発行し、洪庵は喉頭ジフテリアや卵巣水腫について翻訳論文を掲載している。

長崎時代の翻訳としてほかに『袖珍内外方叢』があり、これは青木周弼と伊東南洋との三人の共訳書で薬品の製造と処方に関し詳しく要領よくまとめたものであり、当時、実用的な文献として貴ばれた。

大坂で適塾を開いてから洪庵の学者としての研究も本格化する。診療と教育を両立させ、研究に打ち込むにはさまざまな困難が伴った。安政四年（一八五七）から三年間在塾した本野盛亨《もとのもりみち》（大蔵省出仕、大阪控訴裁判所検事等。読売新聞創業者の一人）は洪庵の学者としての姿を次のように述べている。

その勉強力は、尋常書生の企て及ぶ所に非ず。昼は病家を廻り夜は三更過ぎ（午前一時頃）まで扶氏遺訓の翻訳に従事せらる。ある夜、深更迄《まで》腹痛を起こし、薬局の薬を貰《もら》はんと窃《ひそか》に奥（洪庵の書斎）を窺《うかが》へば、先生厳然として机に向ひ翻訳推敲中なりし。余は先生の勉強を感激し腹痛を忍び命を天命に任せて勉強せしことありし（『適塾』二四号、芝哲夫「本野盛亨翁逸事再録」）。

このような勉強ぶりを、洪庵は自ら和歌に詠んでいる。

おこたりの　学びの　窓は　ともし火の　かげさへ暗く　更けにけるかな

「窓中灯」と題したこの和歌は、身体が弱く病気がちであった洪庵はついつい学問を怠りがちであったが、少しでも体調がよくなると机に向かい、その勉強は手元を灯すろうそくの明かりが窓の障子を照らす深夜に及ぶ、と語っている。

▼二▲『病学通論』

洪庵の特筆されるべき業績はオランダ語原書の翻訳で、主な著作は、『病学痛論』『扶氏経験遺訓』『虎狼痢治準』の三冊である。

宇田川榛斎から託された一つの大きな仕事が病理学の本の編述であった。榛斎の遺志を受け継いで応えたのが、『病学通論』である。この本の構想は榛斎によりある程度までまとめられていたようで、『病学通論』の題言によると、榛斎は青木周弼にドイツ人医師のフーフェランドの病理学書を、洪庵にはコンスブルックとコンラジの病理学書を翻訳させ、榛斎がこれらを参考折衷して一書に編集する計画で進めていたが、未完成のまま、洪庵に託された。洪庵は榛斎の遺稿をもとに、生理学書や治療書はもとより化学・物理学書など、さらにさまざまな原書にあたりまとめていった。

この本は三度その体裁が変わり、三度目の決定版が『病学通論』（三巻）となる。本書には、洪庵の自叙伝を含む「自序」と、本書に対する洪庵の思いを述べた「題言」が書かれている。特に「題言」では、日本で最初の病理学総論ともいうべき処女作を世に出す心情とその苦労をいつわりなく述べ、本書出版への誠実な心構えと覚悟を慎重に説明している。また、本書について、識者をして日本の天下後世の規範の資《もと》となる「病学の嚆矢《こうし》」といわしめている。洪庵の大いなる自信と意気込みを大言している一方、文字と文章の拙さを「余少ふして西学に志し、東西に奔走して、文を学ぶの余暇を得ず」としている。

洪庵は蘭学者であったが、漢学の素養を重視していた。オランダ語を日本語に正しく訳し、該当する日本語・漢字がなければこれを適切に表現し、あるいは新しい医学用語を創造することが必要であったからである。洪庵は次男の惟準と三男の惟孝を漢学にもすぐれた渡辺卯三郎に預け、漢学をしっかりと習得させ、蘭学の初歩を学ばせようとしたのである。

因みに福沢諭吉の場合、兄が漢学の一方で数学も学んでいたが、諭吉自身は、十四、五歳の頃から天性の文才が少しあったようだといい、漢書を四、五年十分に通読し、漢学を身につけていた。その上に、オランダ語、そして英語を修めた。諭吉の思想と膨大な論考は、本人の漢学を嫌う姿勢に反して、漢学に基礎を置くととらえてもよい。

洪庵は文章に対する非力を自ら認めながらも、最初の刊本として本書を世に問うた。天保五年(一八三四)末に宇田川榛斎に託されてから十五年ほど経た嘉永二年(一八四九)初夏にようやく出版となった。洪庵四十歳の時である。このように年数がかかったのは研究と著述の難しさとともに、漢方医の蘭方医への圧迫もあったことが背景にあろう。

洪庵は師の坪井信道に原稿を何度も見せ添削をしてもらい、原稿を書き改めること七、八回に至った。信道はその出版を喜び苦労をねぎらい、洪庵の前途を祝福する序文を書き、「西医の道」のあり方を説く本書の歴史的意義を高く評価している。

本書の第一巻に十二巻の総目次が掲載されているものの、実際には三巻までの刊行となっている。

第一巻本論のはじめに、「病学とは疾病の本然を調べて知り病因病症を推し調べて識別しあらわし本治不治の道理を説き明らかにするところの学問」と言い、疾病の本然と病因病症を統括しその総論を立てることを病学通論と言うとしている。また、病気の症状を見ての対処療法ではなく、病気の本質及び原因と症状を深く探り治療する意義を訴えている。

第一巻の「生機論」は生理学の総論であり、宇宙の間にある万物は有機体と無機体に分かれ、すべて造化力の三つの作用（メカニスミュス、セミスミュス、ダイナミスミュス）から成るとし、また生体の生力には資生力（補給力）、感能力（抗抵力）、覚機（神経力）、動機（筋力）があるとし、内外の刺衝物により生力抗抵が起こるとしている。

第二巻の「疾病総論第一」は健康を定義しその反対を疾病とし、生力の種々の変常を説き、刺衝物の変常から起こる抗抵の病機を具体的にあげている。

洪庵は健康を「人身諸器の形質が欠けることなく気血の循環が滞る所なく運営常《つね》を衛《まも》るもの」

とし、「その常を変ずるものを疾病とす」としている。洪庵はこのように今日的な意味での「健康」という概念を確立している。

第三巻の「疾病総論第三」は疾病の部位、単複、急病と慢病、初期─進期─極期─退期という時期、遺伝病や先天病から伝染病等の由来等の疾病の区別を論述している。特に、治癒の箇所で「凡《およ》そ活体の性たる医治を須《ま》たず自ら病敵を退け平常に復せんとするの妙機を具《そな》う、之を自然良能という」と、「自然良能」という表現で自然治癒力を認めている。

この「自然良能」という自然治癒力は、現代ではオルタナティブ・ヘルスケア（代替医療）と称される医療行為以外で自らの健康を保つ療法として注目されている。洪庵には「自然之臣也《しぜんのしんなり》」という和歌があり、「天地《あめつち》の神のおしへのほかにわが　くすしの道の　法《のり》あらめやは」と詠んでいる。天地の神の教えといういわば自然本来の力以外に、わが医療の方法はあろうかと、医療への謙虚さと自然治癒力の偉大さを説いている。

なお、第四巻「疾病総論第三上」から第六巻「疾病総論第三下」、第七巻「病因総論第一」から第九巻「病因総論第三」、第十巻の「病症総論第一」から第十二巻「病症総論第三」は未刊となっている。幕府の蘭書に対する出版統制が厳しくなったことや同時期の『扶氏経験遺訓』の刊行に注力したものと推測される。

▼三▲『扶氏経験遺訓』

本書はドイツのベルリン大学教授のフーフェランドが五十年にわたる内科医師としての経験を集大成した『医学必携』の一八三六年の第二版を、オランダのハーヘマンがオランダ語に訳したものの重訳である。扶氏とはフーフェランドを意味する。洪庵が大坂で開業した天保九年（一八三八）には日本にもたらされ、洋学者の間で読まれていた。

洪庵は実際の診断や治療に役立つ本書を熟読して深い感銘を受け翻訳を決意した。『扶氏経験遺訓』の「凡例」においてその感激と翻訳の思いを次のように語っている。

　熟読数回にしてようやく味わいを生じ、ますます玩味すればますます意味の深長を覚え、自ずから旧来の疑問のかたまりが氷解していき、ほとんど寝食を忘れてしまった。この論説を同志に示せば、その喜びはまた必ずや私と同じようなものとなろう。

洪庵はさっそく義弟の緒方郁蔵の協力を得て翻訳作業にかかった。凡例の日付が天保十三年

（一八四二）五月となっており、その頃には治療編を一応訳し終わっていたらしい。しかし、出版は容易ではなく大幅に遅れ、訳し終わってから十五年後の安政四年（一八五七）の暮れに、最初の「急性熱病」「慢性熱病」の三巻と「薬方編」二巻ができ、翌年に出版となった。全三十巻の出版が完了したのは文久元年（一八六一）であった。これほど出版が遅れたのは、漢方医の蘭方医への圧力があり、医学書に限らず蘭書全般に及ぶ幕府の出版統制による。一方、蘭方医の巻き返しと鎖国政策の強化と開国への機運を経て、洋書の翻訳と西洋医学の導入をめぐる幕府の政策は二転三転し、安政四年（一八五七）一月に蕃書調所が正式に開校し、幕府においてようやく蘭書の翻訳と蘭学教育がはじまった。このような時期に洪庵の『扶氏経験遺訓』が出版に至ったのである。出版にあたっては、蕃書調所教授職箕作阮甫の養子で適塾門下生の箕作秋坪が同所に勤務しており、出版許可が迅速に得られるよう取り計らい、板下の筆工や板木の彫刻などの業者と交渉するなど全編刊行まで尽力し、義父の阮甫に序文を依頼している。洪庵は秋坪に「おかげで本篇がこれで全部完成に至りましたことは、生涯の大慶これに過ぎず、なんとお礼を申してよいかわかりません」と感謝の手紙を送っている。

本書は刊行当時、西洋医学の手引きとなり、内科診療の向上に寄与し、日本の医学の発展に大きく貢献した。医学水準の観点から本書の現代における意義を見出すことは、当然ながら難しいものの、医療倫理に関してはいまなおきわめて示唆に富む貴重な記述がなされている。

この『扶氏経験遺訓』は、東京大学医学図書館のデジタル資料室で原文を読むことができ、『緒方洪庵全集』の第一巻・第二巻に収められている（『病学通論』と『虎狼痢治準』は早稲田大学古典籍総合データベースにある）。

『医学必携』の巻末にある「医師の義務」に洪庵は感銘し、その抄訳として『扶氏医戒之略』と題してまとめた。フーフェランドの「医師の義務」はキリスト教をその背景にフーフェランドの精神と経験に基づき、医師のあり方を示したものであるが、漢学・儒教の思想にも由来する洪庵の医師としての心にも大きく響いた。フーフェランドの訳ではあるが、洪庵自らの医師の理想を語ったものにほかならない。以下、十二条を記載し、その意味を読み解いていく。

なお、『扶氏医戒之略』は独立行政法人国立病院機構大阪医療センターや島根大学医学部（地域医療教育学講座）等の病院や診療所等のホームページに掲載されているが、本書では緒方富雄氏の『緒方洪庵伝』と『蘭学のころ』を参考にしつつ、梅溪昇氏の『緒方洪庵と適塾』に拠った。

一　医の世に生活するは人の為のみ、をのれがためにあらずといふことを其業《そのぎょう》の本旨とす。安逸《あんいつ》を思はず、名利を顧《かえり》みず、唯《ただ》おのれをすてゝ人を救はんことを希《ねが》ふべし。人の生命を保全し、人の疾病を復治《ふくじ》し、人の患苦《かんく》を寛解《かんかい》するの外《ほか》他事あるものにあらず。

この第一条の第一句は洪庵の言葉そのものである。門下生への手紙の末文はよくこのように結び、「道のため、人のため」ともいう。「道」とは洪庵と医師の門下生にとっては「医の道」であり、この第一条の第三文にほかならない。日本には武では剣道・弓道など、文では茶道や華道など、術の土台となる「道」がある。

盛岡藩士に生まれ、西洋に憧れ英語を学び、国際連盟事務次長も務めた新渡戸稲造が著し、世界的なベストセラーになったのは『武士道』（Bushido:The Soul of Japan）で、われ「太平洋の懸橋」たらんとした稲造は「武士道はその表徴たる桜花と同じく、日本の土地に固有の花である」と述べたが、洪庵はフーフェランドの西洋医学を日本の医道とした。以下の条文にもそれがあらわれている。この一条は洪庵の回勤に勤しむ医師としての姿そのものであった。

なお、「安逸を思はず、名利を顧みず、唯おのれをすてて」とは、幕末の多くの志士の心情に通じるものである。

一　病者に対しては唯《ただ》病者を視るべし。貴賤貧富《きせんひんぷ》を顧みることなかれ。長者一握《ちょうじゃいちあく》の黄金を以て貧士双眼《ひんしそうがん》の感涙《かんるい》に比するに、其《その》心に得《う》るところ如何《いかん》ぞや。深く之《これ》を思ふべし。

適塾では塾生は平等であり、洪庵は塾生の貴賤貧富をみず、入門料は安く、福沢諭吉のように貧書生には助力した。患者にも同様に接した。当時、貴賤貧富によって患者を選び、法外な診察料や薬料を要求した医師もおり、あらためて、患者の身分や資力を問わず診療すべきことを説くとともに、医療での金儲けも戒めている。

一　其《その》術を行ふに当《あた》っては、病者を以て正鵠《せいこう》とすべし。決して弓矢《ゆみや》となすことなかれ。固執《こしつ》に僻《へき》せず、漫試《まんし》を好まず、謹慎《きんしん》して、眇看細密《びょうかんさいみつ》ならんことをおもふべし。

この文意は「医療の目的は患者の病気を治すことであり、患者を道具にしてはならず、診療では偏った考えにとらわれず、みだりに診療方法を試さず、慎みをもって、患者を色々な面からよく詳しく診る」ということである。患者をむやみに実験台にしてはならず、苦痛を与えず、細心に治療することは、今日でもなお医師のきわめて重要な倫理にほかならない。

一　学術を研精《けんせい》するの外、尚《なお》言行に意を用ひて病者に信任せられんことを求むべし。然《しか》りといへども、時様《じよう》の服飾を用ひ、詭誕《きたん》の奇説《きせつ》を唱へて、聞達《ぶんたつ》を求むるは大《おおい》に恥《はじ》るところなり。

この条文の前半は学術の研鑽を積んで言行に注意を払い患者の信任を得ることを説いている

が、後半では流行の衣服を着てでたらめで奇妙な説を唱え評判を求めることは恥知らずであると言っている。患者は病気を治そうと思うあまり、特に難しい病気では、通常にはない薬や治療法を望みがちであるが、医師はそこに付け込んで患者をだましてはならない。

一 毎日夜間に方《あたり》て更《さら》に昼間《ちゅうかん》の病按《びょうあん》を再考し、詳《つまびらか》に筆記するを課定《かてい》とすべし。積《つん》て一書を成せば、自己の為にも病者のためにも広大の裨益《ひえき》あり。

夜に昼の診断を再考しそれを書き留めることは、患者のためでもあり、医師としての研鑽でもある。フーフェランドは長年にわたる診察を記録し『医学必携』をまとめ、これを洪庵は『扶氏経験遺訓』として紹介し、自らの診療と日本の医学の向上に役立てた。

一 病者を訪《と》ふは、疎漏《そろう》の数診《すうしん》に足を労せんより、寧一診《むしろいっしん》に心を労して細密ならんことを要す。然れども自《みずから》尊大にして屢々《しばしば》診察することを欲せざるは甚《はなはだにく》悪むべきことなり。

医師はいい加減に何回も往診するのではなく、一回で心を込めて詳しく診療すべきという。また、医師が尊大になって往診を嫌うのは、言語道断であると厳しく戒める。患者は医師に対して診療を委ねる往々にして弱者の立場であり、医師が自ら尊大になることはあってはならない。

一　不治の病者も仍《すなわち》其《その》患苦を寛解し、其《その》生命を保全せんことを求むるは、医の職務なり。棄《す》て、省《かえり》みざるは人道に反す。たとひ救ふこと能《あた》はざるも、之を慰《い》するは仁術《じんじゅつ》なり。片時も其《その》命を延《のべ》んことを思ふべし。決して不起を告ぐべからず。言語容姿みな意を用いて之を悟《さと》らしむることなかれ。

不治の病であっても、その苦痛を緩和し、延命に努めることは医師の職分である。現代ではインフォームド・コンセントが問われているが、患者への配慮は不変であろう。

一　病者の費用少なからんことを思ふべし。命を与《あた》ふとも其《その》命を繋《つな》ぐの資《し》を奪《うば》はゞ、亦《また》何の益かあらん。貧民に於《おい》ては茲《ここ》に斟酌《しんしゃく》なくんばあらず。

この条文は、患者の経済的負担を軽減することを説いている。医療費に関しては、当時は今日とは大きく違い、保険制度もなく、特に貧困層にはその負担のあまり診療が受けられない場合もあり、洪庵は繰り返し診療での儲けを戒めている。

一　世間に対しては衆人《しゅうじん》の好意を得んことを要すべし。学術卓絶《たくぜつ》すとも、言行厳格《げんこうげんかく》なりとも斉《さい》民《みん》の信を得ざれば、其《その》徳を施《ほどこ》すによしなし。周《あまね》く俗情に通ぜざるべからず。殊《こと》に医は人の身命を依托《いたく》し、赤裸《せきら》を露呈し、最密の禁秘《きんぴ》をも白《もう》し、最辱《さいじょく》の懺悔《ざんげ》をも状《じょう》せざること能《あた》はざる所なり。常に篤実温厚《とくじつおんこう》を旨《むね》として、多言《たげん》ならず、沈黙ならんことを主《しゅ》とすべし。博徒《ばくと》、酒客《しゅきゃく》、好色《こうしょく》、貪《どん》利《り》の名なからんことは素《もと》より論を俟《また》ず。

医師は学術にすぐれ言行が厳格であってもなお、人々から信頼を得なければならないと言う。また、世俗の事情にも通じていなければならない。そして、医師の守秘義務いわば個人情報保護にも留意し、自ら徳を遵守することを促している。

一　同業の人に対しては之を敬し、之を愛すべし。たとひしかること能《あた》はざるも、勉《つと》めて忍《しの》ばんことを要すべし。決して他医を議することなかれ。人の短をいふは、聖賢の堅く戒《いまし》むる所なり。彼が過《あやまち》を挙《あ》ぐるは、小人の凶徳《しょうにんきょうとく》なり。人は唯一朝《ただいっちょう》の過を議せられて、おのれ生涯の徳を損す。其《その》得失如何《いかん》ぞや。各医自家《じか》の流有《りゅうあり》て、又《また》自得の法あり。漫《みだり》に之を論ずべからず。老医は敬重《けいちょう》すべし。少輩は親愛すべし。人もし前医の得失を問ふことあらば、勉めて之を得に帰すべく、其《その》治法《ちほう》の当否は現症を認めざるに辞《じ》すべし。

他の医師を批判してはならないというのがこの条文の趣旨である。人の短所を言うことは古くから聖賢の戒めることであり、医療に限らず、さまざまな職業において、あるいは生き方そのものとしても求められる。

一　治療の商議は会同《かいどう》少なからんことを要す。多きも三人に過《す》ぐべからず。殊によく其《その》人を択《えら》ぶべし。只管《ひたすら》病者の安全を意として、他事を顧みず、決して争議に及ぶことなかれ。

この条文からは、治療の相談（商議）が複数の医師でなされていたことがわかる。これについては、実際に洪庵の日記でも知ることができる。相談はできるだけ少ない人数がよく、患者の安全を第一に、自説にこだわり争論にならないよう注意している。

一　病者曽《かつ》て依托せる医を舎《す》て、竊《ひそか》に他医に商《はか》ることありとも、漫に其謀《そのはかりごと》に与《あずか》るべからず。先其《まずその》医に告《つげ》て、其説《そのせつ》を聞《きく》にあらざれば、従事することなかれ。然りといへども、実に其誤治《そのごじ》なることを知《しっ》て、之を外視するは亦《また》医の任にあらず。殊に危険の病に在《あり》ては遅疑《ちぎ》することあることなかれ。

第十条で、他医を批判するなと説いているが、患者が医師を代えた場合に、ここでも医師の間で良好な関係を保つことを述べている。しかし、誤診や急を要する時には、それを傍観していてはならず、急ぎ対応することを求めている。

右件《くだん》の十二章は扶氏遺訓巻末に附する所の医戒の大要を抄訳せるなり。書して二三子《にさんし》に示し、亦以《またもっ》て自警《じけい》と云爾《しかいう》。

安政丁巳《ひのとみ》　春正月　公裁誌《こうさいし》

最後に奥書として右のことが書かれている。「医戒の大要を抄訳」とあるのは、このフーフェランドの『医師の義務』は江戸の蘭学者の杉田成卿《すぎたせいけい》が嘉永二年（一八四九）に翻訳し『医戒』として出版しており、洪庵は成卿の訳を参考にさらに独自に十二条に読みやすくまとめたことにもよろう。洪庵は自らを戒め、「自警」とした。

フーフェランドの「医師の義務」は医師の倫理を説くものであるが、医師の職業倫理は「医学の祖」とされるヒポクラテスの、今日にまで語り続けられる「ヒポクラテスの誓い」にはじまる。

「ヒポクラテスの誓い」は世界医師会のジュネーブ宣言（一九四八年）で現代的な医師の職業倫理としてあらわされ、さらに、医学研究の倫理的原則を示したヘルシンキ宣言（一九六四年）や患者の権利に関するリスボン宣言（一九八一年）など、医学の新たな倫理が唱えられるに至った。

日本では杉田玄白の弟子の大槻玄沢が玄白の依頼で『解体新書』の改訂版を執筆した際に、ヒポクラテスの略伝を記し、洪庵の師の坪井信道も絶賛したと言われている。

日本では特に江戸時代初期の本草学者・儒学者として知られる貝原益軒《かいばらえきけん》が『養生訓《ようじょうくん》』で、「医は仁術なり。仁愛の心を本《もと》とし、人を救うを以て志とすべし。わが身の利養を専《もっぱら》に志すべからず。天地のうみそだて給《たま》える人を、すくいたすけ、万民《ばんみん》の生死をつかさどる術なれば、医を民の司命と云《いい》、きわめて大事の職分なり」と「医は仁術」と説いたことはよく知られる。仁とは儒教でいう他者を思いやる心であり、「医は仁術」といった益軒は日本の医療倫理の標語を確立した。

また、次のようにも述べている。

医とならば、君子医となるべし、小人医《しょうじんい》となるべからず。君子医は、人のためにす。人を救うに、志《こころざし》専一なる也。小人医はわが為にす。わが身の利養のみ志し、人を救うに、志《こころざし》専ならず。医は仁術也。人を救うを以て、志とすべし。是《これ》人のためにする君子医也。人を救う志なくして、只、身の利養を以（て）志とするは、是わがためにする小人なり。医は病者を救わんための術なれば、病家の貴賤・貧富の隔てなく、心を尽して病を治すべし。病家よりまねかば、貴賤をわかたず、はやく行くべし。遅々《ちち》すべからず。人の命は至りておもし、病人をおろそかにすべからず。是《これ》医となれる職分をつとむる也。小人医は、医術流行すれば、我身にほこりたかぶりて、貧賤なる病家をあなどる。是医の本意を失えり。

君子医は世のため人のため聖道を歩み、小人医は自らの利益のためにいわば小賢しく立ち回る。洪庵は師である坪井信道のヒポクラテスの絶賛を適塾生にも伝え、「医は仁術」の思想をふまえ、フーフェランドの「医師の義務」を自らの『扶氏医戒之略』として著したということができる。

第七章　医の実践

一　天然痘の猛威

一九八〇年にＷＨＯ（世界保健機関）が天然痘《てんねんとう》の世界根絶を宣言して以来、天然痘という病気は知られず、過去のものとなった。しかし、天然痘は古くは紀元前一一〇〇年代に死亡したエジプト王朝のラムセス五世のミイラにその病痕が確認され、その後、世界各地で流行が繰り返され猛威をふるっていた。主に空気感染により感染する天然痘ウイルスを病原体とする急性発疹性の伝染病であり疱瘡《ほうそう》とも言われ、学術用語では痘瘡《とうそう》という。

感染力は非常に強く、感染するとお

よそ十二日間の潜伏期間を経て、四〇度前後の高熱や頭痛・腰痛などの初期症状があらわれ、発熱後三～四日後にいったん解熱するが、その頃より全身に発疹が発生し、続いて豆粒状の丘疹《きゅうしん》、水泡《すいほう》となり、発症八日頃より再び高熱になる。その頃より水泡は膿疱化《のうほうか》する。膿疱期の症状はきわめて重く最悪の場合は死に至り、二〇パーセントから四〇パーセントの致死率と言われる。回復する場合には膿疱はかさぶたとなり、かさぶたが脱落後には痘痕《あばた》となり、生涯その痘痕は消えない。高い感染率と高い死亡率で、有史以来人類が最も恐れた代表的な感染症である。

天然痘は日本にはもともと存在せず、朝鮮半島を経てもたらされたと考えられるが、『続日本記』の天平七年（七三五）には九州に始まる「疫瘡《えきそう》大発」、「天下患豌豆瘡（わんずかさ又はえんどうそう）〈俗曰《ぞくいわく》 裳瘡《じょうそう》〉夭死者多」との記録がある。以降、日本でも何度も大流行を重ね、多数の死者が出ている。江戸時代においては、痘瘡の小流行は頻繁にあり、ほとんど連年に及ぶと言われる。そのため江戸の庶民は痘瘡を〝お厄〟と称し、むしろ痘瘡を受け入れた風習さえあったという。感染は社会上層にも及び、江戸時代の徳川将軍家と天皇の罹患率は、徳川将軍十五名中六名（四〇パーセント）、天皇十四名中五名（三五・七パーセント）とされている（天皇八一名中三一名で罹患率三八・三パーセント。以上、『病の克服　日本痘瘡史』）。

また、ポンペは「住民の三分の一は顔に痘痕《あばた》をもっているといってさしつかえない」と記している（『ポンペ日本滞在見聞記』）。吉田松陰や高杉晋作にも痘瘡の痕が見られるという。

洪庵自身は幼少時に感染したとされ、重篤には至らなかった。

▼二▲牛痘種痘の発見

天然痘は一度罹ると二度と罹らない、あるいは罹っても重症化しないと言われ、免疫性を持つことが経験的にわかっていた。そこで、天然痘患者の膿を摂取する人痘種痘が古くからインドや中国で行われ、十八世紀前半には英国で、その後欧州諸国や米国にそしてアジア各国にもたらされた。軽症の天然痘を接種すると大きな天然痘の感染を防ぐことができたものの、軽度とはいえ天然痘ウイルスを用いる方法は危険性も高く、接種後に天然痘を発症して死亡する例もあり（死亡率は二パーセントとも言われる）、また、新たな天然痘の感染源となって流行することもあった。

一七九六年、英国の医師エドワード・ジェンナーが、天然痘に似た病気に罹った牛の乳しぼりをする女性は天然痘に罹らないということを聞き、牛痘の膿を用いた牛痘種痘法を考案した。ジェンナーの開発した牛痘種痘法はすべてのワクチンの原点である。ワクチンとは毒性をなくしたか弱めた病原体から微生物やウイルス（他の生物の細胞体を利用して自己複製する遺伝子を有するが細胞を持たない微小な構造体）を使用してつくり出され、接種して感染症を予防する薬品で、ラテン語で雌牛を意味するVaccaに由来し、蘭医は「白神」と書いた。

その後、ルイ・パスツールが病原体を人工的に弱らせ、弱毒性の菌をつくる方法論を生み出し、今日に至っている。ジェンナーは免疫学、予防学の創始者でもあり、天然痘の流行を抑え、人類史におけるワクチン療法に大きく貢献した。

▼三▲日本への伝来

天然痘予防に関して、日本では江戸時代初期の延享三年（一七四六）頃に、長崎で清の李仁仙《りじんせん》が旱苗法《かんびょうほう》（天然痘患者の瘡蓋《かさぶた》を粉末にして小さな管で鼻腔に吹き込む方法）を伝授したのがはじまりとされ、日本の医師としては秋月藩（現在の福岡県朝倉市）の藩医緒方春朔《おがたしゅんさく》が寛政二年（一七九〇）に多くの人々にこれを実施し、寛政五年（一七九三）には日本で最初の種痘書である『種痘必順弁《しゅとうひつじゅんべん》』を著している。また、寛政五年（一七九三）には長崎で、ドイツ人医師ケルレルが痘瘡の膿を人の腕などの皮膚に接種するトルコ式の経皮人痘接種法を実施している。

日本へ牛痘種痘法がもたらされたのは、択捉島で番人をしていた中川五郎治《なかがわごろうじ》が、ロシアに拉致され帰国した際に持ち帰った牛痘種痘法の解説書による。長崎のオランダ通詞で、フランス語・

英語・ロシア語にも通じ、幕府天文方に召し出された馬場佐十郎《ばばさじゅうろう》が、これを翻訳し、文政三年（一八二〇）に『遁火秘訣《とんかひけつ》』としてまとめており、同書は日本最初の牛痘法の文献とされる。シーボルトは鳴滝塾で牛痘法の有用性を説いたが、実際の種痘はジャワ（インドネシア）から持参した種痘苗が劣化していたので、種痘の術式を実演してみせただけと言われているが、成功していたとも言われ、成否は定かではない。

▼四▲佐賀ルートと関西ルート

牛痘法が確実に成功するのはさらに三十年ほど下った嘉永二年（一八四九）となる。佐賀藩主の鍋島直正は藩医伊東玄朴の進言により、シーボルトの弟子で長崎在住の藩医楢林宗建《ならばやしそうけん》に牛痘苗の入手を指示し、宗建はオランダ商館医のオットー・モーニケに痘痂《かさぶた》で取り寄せることを提案した。モーニケはバタヴィア（インドネシアのジャカルタ）の医務局長のボッシュに依頼し、ボッシュは自分の息子に牛痘種痘を行い、採取した痘痂が長崎に送られてきた。届いた痘苗をモーニケが三児の腕に植え、宗建の息子に接種したものが成功した。その後、この痘苗が佐賀藩へ伝えられ、直正公が世継ぎの淳一郎に種痘を受けさせ範を示したので、広く佐賀藩内の子女に接種された。宗建は牛痘種痘を普及するため『牛痘小考』を著し、モーニケによる種痘の方法や接種後の症状を書いている。直正公は江戸へ痘苗を運ばせ、江戸藩邸で直正公の息女貢姫《みつひめ》に伊東玄朴が接種した。この痘苗が関東一円、東北ついには北海道にまで伝播した。

長崎ではさらに植え継ぎを繰り返し、多くの子供たちに種痘が施された。

このモーニケ苗が京都、大阪、江戸へと子供の腕に植え継がれ、年内には全国に運ばれた。なお、モーニケは痘苗だけでなく、日本に初めて聴診器やクロロホルム麻酔なども伝え、博物学者としても日本で新種の魚類や昆虫を発見している。モーニケの画期的な西洋医学は、宗建の著書によって全国に普及している。

福井藩の藩主松平慶永《まつだいらよしなが》も牛痘種痘に積極的であった。藩医の笠原良策《かさはらりょうさく》に命じ、清国から牛痘を取り寄せることを計画したが実現せず、このモーニケ苗によった。良策は師であった京都の蘭医日野鼎哉《ひのていさい》を介して長崎の唐通詞潁川四郎八《えかわしろうはち》に依頼し、四郎八は孫に牛痘を接種し、その痘苗八粒を京都の鼎哉へ送った。最後の一粒が種痘に成功し、鼎哉とその門下生らは歓喜し、これが九州以外で牛痘接種法が成功した最初と言われた（実際には、北海道で中川五郎治が成功しており、吉村昭の『北天の星』と『花渡る海』にその経緯が描かれている）。

嘉永二年（一八四九）十月に鼎哉らは京都新町三条に除痘館を設立した。除痘館は二ヵ月ほどで経営が行き詰まり閉鎖されるが、百五十人ほどの子供達に接種された。

良策は十一月に、ここで接種された子供たちを連れて、いわば決死の雪山越えで福井へ種痘をもたらし、さらに北陸、信濃へと広まった。

金沢には翌嘉永三年（一八五〇）二月に伝苗され、安政二年（一八五五）に私立種痘所が開設されたが、既述のとおり文久二年（一八六二）には藩によって彦三の地に種痘所が設立され、この時をもって金沢大学のはじまりとしている。

なお、京都にはこの鼎哉のルートとは別に、佐賀藩ルートで痘苗が楢林宗建の京都にいた兄の栄建に届けられ、栄建らは直ちに種痘所を開き、種痘事業を行った。

日野鼎哉は豊後国（現在の湯布院）の出身で、日野家と淡窓の広瀬家とは縁戚であり、鼎哉の父はすぐれた医師で俳句を好み、淡窓らと交流している。鼎哉は豊後国の日出藩の儒者帆足《ほあし》万里《ばんり》に入門し、次いで長崎でオランダ語を学び、シーボルトの鳴滝塾で蘭医学を修め、天保四年（一八三三）三十七歳の時に京都で外科を開業し、評判を呼び、「大阪に緒方洪庵あり、京都に日野鼎哉あり」と言われた。

▼五▲ 大坂除痘館

洪庵は日野鼎哉らを介して旭荘と出会った。お互いが没するまでのおよそ二十五年にわたる親交がはじまった。

鼎哉の弟葛民《かつみん》は旭荘と淡窓門下で医師の小林安石の世話で、道修町の大坂の医師の重鎮であった原老柳《はらろうりゅう》の旧宅で開業した。葛民の開業の披露宴には原老柳、洪庵ら医師や旭荘ら文人が集った。洪庵は『扶氏経験遺訓』で「応涅児《イエンネル》」（イエンネル、ジェンナーのオランダ語読み）の牛痘種痘法を「痘瘡、類痘、牛痘種法、変痘」の和訳で紹介、絶賛した。塾生の武谷祐之は、洪庵はある日「牛痘のことに話が及んで、反復丁寧に、諄々としてよく指導された」と回想している。洪庵は従来の人痘種痘法で不幸にも失敗したこともあり、蘭医学書で牛痘種痘法の有用性を知っており、その実現を待ち望んでいた。

洪庵は京都で接種が成功したことを知り、葛民と痘苗導入の準備を進め、大和屋嘉兵衛の助力を得て大坂古手町《ふるてまち》（現道修町四丁目）の大和屋傳兵衛《やまとやでんべい》の隠居所を借り受け、除痘館を設立した。十一月一日に子供を一人連れて京都の除痘館を訪れ、笠原良策に痘苗の分与を依頼した。しかし、この京都の痘苗は福井藩の公用のもので、本来ならば分け与えることはできない。良策は絶苗を防ぐという名目をたて、分苗は了承された。あらためて、十一月六日、霜がおりる寒い日に、良策は鼎哉と一緒に京都から種痘のよくついた子供を連れて淀川を船で下り大坂へ出かけ、十一月七日に「伝苗式」が厳粛に執り行われた。その模様は良策の『戦兢録《せんきょうろく》』に詳しく記されている。除痘館の座敷の一画に神棚をしつらえ、医術にゆかりのある神々が祀られ、良策は鼎哉に勧められて、一人離れて上座の中央につき、良策の右手に上座から鼎哉、洪庵、葛民という順番に並び、いずれも礼服で門人あわせ九名が参加した。まず、良策が「痘苗は国許（福井藩）へ持ち越すところ、国許で牛痘苗を絶やさないよう、京都でも痘苗を増やすよう申しつけたので、当地でも同様に伝苗する。京都の除痘館の法を守り、万事に注意するように」という口上を述べ、「除痘所誓約書」とともに、「種痘針二枚箱入」「扇子箱一」を贈った。そして、一同神前に拝した後、洪庵の勧めで良策が種痘針をとり京都から連れてきた子供から最初の子供に接種し、次に洪庵、葛民、また、良策という順番で合計八人に接種し、式が終わった。接種が済むとお神酒《みき》をいただき、良策から洪庵へ杯が回され、会食が終わったのは夕刻であった。

洪庵は後にふれる除痘館が万延元年（一八六〇）十月に官許を得て新たな創成となった日に、『除痘館記録』を著し、モーニケによる牛痘の伝授から京都での種痘と大阪での除痘館設立、そしてその後の経緯や苦労を語っている。洪庵らの心構えと除痘館の理念が次のように書かれている。

最初より葛民、洪庵、嘉兵衛三人誓《ちかい》を立て、是唯《これただ》仁術を旨《むね》とするのみ、世上の為に新法を弘むることなれば、向来幾何《こうらいいくばく》の謝金を得ることありとも、銘々《めいめい》己れか利とせす、更に仁術を行うの料とせん事を第一の規定とす（『緒方洪庵伝』より引用）。

除痘館は洪庵、葛民、大和屋嘉兵衛の三人で設立された。大和屋嘉兵衛は道修町の薬種商で傳兵衛もその一族と思われ、除痘館を支えた世話役で財政支援を行った。この三人は社中いわば仲間うちの組合をつくり、その後、さらに多くの医師や協力者が除痘館を支えた。除痘館設立に尽力したのが、「学の洪庵か、術の老柳か」と評された原老柳である。

老柳は漢学を学び、長崎で蘭方医学を修めた大坂医師番付の西の大関にあげられた名医で、病人の立場に立ち庶民に味方し、一方自由奔放で、漢詩や和歌にもすぐれ、頼山陽など文化人とも交わり、除痘館を支え、また分苗にもあたった。このような社中や協力者によって、除痘館は貧しい人々からは種痘料は取らず、その「美事」と言われた無償の社会貢献事業が推進された。

▼六▲ 牛痘種痘の普及

除痘館の道のりは平たんではなく、たびたび困難に直面した。牛痘は益がないばかりかかえって幼児に害ありという悪説が流布し、世間では牛痘種痘法を信じる者は一人もいなくなるといった、迷信や誹謗中傷との戦いがあった。その際には、やむを得ず米銭を費やし、一回の種痘日ごとに四、五人の貧児を雇い、四方に奔走して牛痘種痘法を諭し、勧めた。引札《ひきふだ》といって色刷りで牛痘種痘法の効能を説くいわば宣伝ビラも用いられた。牛痘種痘が、金儲けが目当てで心がけの悪い医者らに悪用される懸念もあり、悪用されることがないように、目を光らせる必要もあった。

牛痘苗は除痘館から各地へ分苗されていった。嘉永三年（一八五〇）には足守藩主の木下利恭《きのしたとしゆき》は洪庵に同藩での種痘を命じ、洪庵は足守に除痘館を設け接種を行い、また、積極的に分苗にあたった。分苗では牛痘種痘の技術を伝えると同時に分苗免状を発行した。いわば分苗の保証で、この免状は「仁術の本意を守り、疎漏《そろう》これ無きよう心得《こころう》べく候」と結ばれ、牛痘苗を受ける側は請状《うけじょう》を提出した。この分苗は洪庵の門人・知人・友人が中心に行い、次いで原老柳の門人等も尽力した。除痘館からの分苗はおよそ百七十ヵ所に及び、関西はもとより中国、四国、九州、西は長崎の対馬、あるいは三重、静岡、岐阜、福井、東は江戸にまで至っている。

モーニケ痘苗は嘉永二年（一八四九）に長崎にもたらされてから、一年もたたず、人の腕から腕へ植え継がれ、日本全国に広まった。その普及は長崎から佐賀を経て江戸に至りお玉が池種痘所開設となりさらに関東一円・東北・北海道へと広がる佐賀ルートと、長崎から京都への二ルートと京都から福井そして北陸方面へのルート、京都から大坂の洪庵らの除痘館と除痘館からの分苗による関西・四国・中国方面というルートに整理される。その要所ではシーボルト門人と洪庵ら蘭医学者が大きな役割を果たしている。

洪庵はおよそ六日おきに除痘館に赴き、自ら種痘を行うか立ち合うかした。痘苗はおよそ七日目ごとに人から人へ植え継がないと、絶えてしまう。嘉永六年（一八五三）の日記には「絶苗」への対処の苦心がうかがえる。

除痘館での種痘日は七日ごとであるが、接種時に「種痘中心得《しゅとうちゅうこころえ》」という注意書きがわたされ、飲食や体調管理など安静にし、接種後は七日目と十三日目に経過観察の診察が義務づけられた。種痘の効果が確認されれば、「種痘済の証書」がわたされる。洪庵が旭荘の息子の正也に接種した時は、左右の上腕に四ヵ所ずつ植え、五日経って一ヵ所に膿があらわれた。洪庵はこれを「真痘《しんとう》」と鑑定し、種痘済みの「この子は種痘が終わり、再度接種する必要ないと保証する」といった内容の「証券」を発行している。また、痘瘡に類似する類痘の症状との区別を見誤らないよう、接種後も注意しなければならなかった。

洪庵の日記に十日前に接種した子供が体の痛みを発し、「天行痘《てんこうとう》合併の模様也」とある。天行痘とは天然痘を意味する。牛痘種痘法は安全とされていたものの、種痘後に天然痘を併発するおそれもあり、当時は予防接種の衛生面も不十分で、実際に危険もあった。種痘の安全性もなお課題であったが、嘉永二年（一八四九）の除痘館設立から嘉永五年（一八五二）の四年間で、五・六万人の子供が種痘を受けたとも言われ、天然痘の流行から多くの子供達が守られた。

このように辛苦艱難しながらも痘苗を維持し、三、四年でようやく信用されるようになったと言う。医師番付には安政二年（一八五八）以降除痘館が掲載されるようになり、このことは除痘館で実施される牛痘種痘法の効能が認められ、大阪町人に理解されるようになったことをあらわす。『扶氏経験遺訓』には種痘が説明されており、適塾生は読んだであろうし、洪庵に牛痘種痘法を学び、分苗を受けて故郷に除痘館を設立した塾生もいる。

▼七▲幕府公認

牛痘種痘が普及する一方、金儲けが目当てで医師でない者が悪用したり、技術がないための誤診も見られた。そこで、洪庵らは大坂の種痘所は除痘館に限るという公認を得ようと努力し、十年を要して、安政五年（一八五八）四月二十四日にようやく官許がおり、洪庵らは大いに喜んだ。

佐賀や福井などとは異なり、町人のまちである大坂では洪庵ら民の力で牛痘種痘事業が立ち上がった。そして、後に官が公に認めることによって、なお一層の推進が図られるようになった。

江戸では前年に伊東玄朴らが種痘所開設に動き、安政五年一月に幕府から設立の許可を受け、お玉が池に種痘所ができたのが同年五月で、官許は二年後の万延元年（一八六〇）七月におりた。幕府公認は大坂の除痘館の方がはやく、全国の先駆けとなる。古手町の建物が手狭になり、万延元年八月には適塾のすぐ南側の尼崎町一丁目（現、中央区今橋三丁目）に移転した。

大坂の除痘館は慶応三年（一八六七）に幕府の種痘公館となり、明治に入って官立大阪医学校、大阪府立病院の付属種痘館となる。

このモーニケ苗は明治四年（一八七一）にオランダ人医師のアントニウス・ボードウィンによる新しい痘苗を政府が全国に配布するまで、日本の天然痘予防に大いに寄与した。

『除痘館記録』は次のように結ばれている。

各自寒暑《かんしょ》を顧《かえり》みず、雨雪を厭《いと》わずして、身を砕き、心を労し、其《その》究苦の時に当《あた》っては自ら米銭を費やせることは有之《これあり》といへとも、更に一銭の利を私にせしことなく、孜々汲々《ししきゅうきゅう》として勉強せること今茲《ここ》に十有二年、其勤功積《そのきんこうつん》て今日の大成を得るに至れり。冀《こいねがは》くは従来の諸子越前侯《えちぜんこう》の恩徳と、良策、鼎哉の厚意とを忘る丶ことなく、社中各家の苦心労思せしことを想像し、寡欲を旨とし、仁術の本意を失はす、其《その》良志を嗣《つ》き玉へと云爾《しかいう》（同前）。

社中・補助・世話方の苦労と、自ら負担することはあっても私利を図ることなく、謹んでその功を重ね、官許という大きな成功を得た。福井藩主松平慶永・良策・鼎哉による分苗への助力に対し感謝を忘れることなく、仁術の本意を失わず、その良き志を継ぐようにと、洪庵は「之《これ》を謹《つつし》んで録《ろく》す」としている。困難を越えて牛痘種痘法を普及させ、官許に至った成功の日にもなお、あらためて仁術と志を説く洪庵の姿勢は変わらない。

住み慣れた大坂を去って江戸へ赴く際の肖像画に次の自詠の和歌を自賛した。

としことに《年毎》　おひ《生》そふのへ《野辺》の　こまつ《小松》原
ちよ《千代》にしけ《繁》れと　うゑ《植》もかさ《重》ねむ

毎年、芽が出て生い茂る野辺の小松原のように、いつまでも子供達の数が増え元気に育つように、牛痘を植え重ねていこう、と詠んでいる。また、この肖像画に、自らの「神志」をこの除痘館に留め置くとした識語も加え、尼崎の除痘館に残した。

除痘館と日本の種痘事業は適塾門下生の長与専斎らに受け継がれた。専斎は明治政府の内務省初代衛生局長に就任し、天然痘予防に努め、以降、昭和四十九年（一九七四）を最後に国内での発症例はなくなり、昭和五十一年（一九七六）に定期種痘制度は廃止され、昭和五十五年（一九八〇）にＷＨＯ（世界保健機関）が世界の天然痘の根絶を宣言する。

大坂の除痘館と洪庵の活動については、特に『大阪の除痘館〈改訂・増補第二版〉』（緒方洪庵記念財団除痘館記念資料室）に拠った。

第八章　コレラとの闘い

▼一▲コレラの猛威

洪庵にはもう一つの闘いがあった。コレラとの闘いである。日本で初めてコレラが流行したのは文政五年（一八二二）の秋、洪庵十三歳の時である。世界的流行が日本に及んだもので、感染ルートは朝鮮半島とも言われているが、明らかではない。致死率は高く三日ともたず、「三日ころり」と呼ばれた。コレラに対して、蘭学者は「革列亜」や「酷烈辣」という字をあてたが、漢方医は夏の暑気あたりによる従来型の急性下痢症状ととらえて昔ながらの「霍乱《かくらん》」とした。洪庵は今

般流行の悪病に「霍乱」という旧名をあてるべきではなく、疱瘡と同じく深刻な流行病と考え、「虎」と「狼」という猛獣に下痢の「痢」を加え「虎狼痢」として激しい下痢の症状をあらわし、その病気の恐ろしさを象徴させた。日本の二度目のコレラは安政五年（一八五八）の夏から秋にかけて、長崎からはじまった。

コレラはコレラ菌を病原体とする経口感染症の一つで、感染源は患者の糞便や吐瀉物に汚染された水や食物である。コレラ菌は胃の酸性環境の中で多くが死滅するが、少数は小腸に達しここで増殖し、コレラ毒素を産出する。コレラ毒素は小腸の上皮細胞を冒し、細胞内に侵入し、その作用で細胞内の水と電解質が大量に流出する。下痢と嘔吐が起こり、症状が軽い場合もあるが、通常は「米のとぎ汁」のような激しい下痢となり、発熱はなくむしろ低体温で、急速に脱水症状が進み、さらに進行すると意識障害やけいれんなどが見られ、死に至る場合がある。治療方法は失われた水と電解質の補充であり、抗菌薬による除菌も行われる。予防にはワクチンが用いられる。

安政年間の大流行の時、安政四年（一八五七）にはポンペが来日し、十一月十二日に長崎奉行所の西役所において松本良順ら十二名に系統的な西洋医学教育を開始した。ポンペは沖に停泊している米国の蒸気船ミシシッピー号の乗組員が中国に寄港した際にコレラに感染し、長崎に持ち込んだと考えた。

▼二▲松本良順の罹患

長崎で最初に罹った一人が松本良順で、その自伝によれば次のように書かれている。

ポンペのコレラに関する講義がありその休みの日曜日に、在塾の生徒二名を連れて納涼のため舟を浮かべて午後より舟中で飲食し夜更けて港の南岸に上陸し遊所町を経て西坂の寓居に帰る。十二時を過ぎていたが、きゅうりと鶏肉とを煮て葛粉を溶かして合わせた煮汁が贈られていたので、みな喜んでこれを冷や飯にかけて食べた。空腹にうまく塾生も食べたが良順が最も多く食べた。満腹になり床に就き快眠一時間ほどで便意を催し厠で多量の水様の下痢で、厠を出て床に就くとまた便意があり、再び多量の水様の下痢で嘔吐もし、三回の嘔吐の後も不快で足腰がなえて立つこともできなくなった。はって厠を出て弟子を呼ぼうにも声が出ず、自ら「虎列拉病」に罹ったとわかり、早朝にポンペが「真にコレラなり」と診断し、良順は「身体強壮にして神心もまた平穏なれば、必ず治すべし」と励まされ、湯を沸かし浴桶に充たし全身浴を行い、キニーネを服用し、浴桶に入ると嘔吐が止み、十分に湯につかり、床に就いた。熟睡のあと午後一時を過ぎて目が覚めた。

良順は一命を取りとめた。この記述にコレラの症状が典型的に示されている。ミシシッピー号から湾内に汚染物が流出し、昼の飲食か贈られた煮汁にコレラ菌が含まれていたのであろう。温浴とキニーネ（南米産のキナという植物の樹皮に含まれている本来はマラリアの特効薬として使われる苦い薬）が治療法であった。

長崎では当時約六万人の人口のうち治療を受けたコレラ患者は千五百人余りで、七百人以上が亡くなった。七月に入り江戸で流行がはじまり、九月下旬に終息したが、人口百万人のうち死者は三・四万人と推定されている。大坂では八月中旬頃からはじまり、死者は一ヵ月足らずで一万人を超えた。

この時、洪庵は四十九歳で前年暮れには『扶氏経験遺訓』の出版がはじまり、この年の四月には除痘館の官許が得られ、七月には足守藩主の子供が大病で往診に呼ばれ、大阪に戻ったばかりの多忙な時期であった。洪庵は八月四日に急に高熱を出しほとんど人事不省に陥り夜に意識が戻り翌日に症状は軽くなったが、自ら「劇性間歇熱《げきせいかんけつねつ》」と診断し、キニーネを服用して治った。そのような折、コレラが流行し、洪庵は十七、八日頃から二十二、三日頃までにまさに不眠不休でコレラの治療法の『虎狼痢治準《ころりちじゅん》』を急ぎまとめた。その後は、この無理がたたり風邪をひき軽度の「流行毒」（コレラ）に罹り、手当を行い大事には至らなかったが、やはり熱が出るので横になって療養した。

　荼毘所（火葬場）が処理しきれないほど死者が続く惨状であった。

▼三▲『虎狼痢治準』

　洪庵は「其《その》病性新奇」としたコレラへの対応として、緊急に『虎狼痢治準《ころりちじゅん》』を執筆した。これはドイツ人医師のモスト、カンスタット、コンラジの三書からコレラに関する箇所を翻訳し、洪庵の考えをも合わせ治療指針とした小冊子で、「百部絶板、不許売買」とし、無料で配った。

　すでにふれたように、長崎で松本良順が罹った際ポンペが使用したキニーネによる治療法が知られていたが、医師の皆がキニーネを求めたので、キニーネは高騰し医師の手に入らなくなってしまった。

　洪庵はキニーネの効能に疑問を呈し、ポンペを批判した。洪庵自身「倉卒《そうそつ》の稿」（あわただしくまとめた原稿）とことわっているが、蘭医学書三冊からの療法の訳出で実際の治療にはこれらを勘案し工夫することを説いている。武谷祐之が虎狼の字がコロリの假字《かりじ》にあわないと指摘し、洪庵がルビをコロウリと修正するなど門人からの不評もあった。松本良順からはポンペを批判したことについて強い抗議を受けた。洪庵にも多少の落ち度があったようで、自らの過ちを謝った。とはいえ、キニーネは現在マラリアの治療薬として用いられ、コレラに効くとはされず、洪庵の指摘は正しかったと言える。

『虎狼痢治準』のほかに、洪庵は適塾用にコレラの治療法を簡潔に『家塾虎狼痢治則』としてまとめた。

コレラは翌安政六年（一八五九）にも流行した。門下生にあてた手紙では大坂では六月下旬から流行し、洪庵は六十日間昼夜の別なく治療に奔走した。

洪庵はコレラの症状を初期、厥冷期《けつれいき》（血のめぐりが絶えて体が冷え硬強になる）、抗抵期《こうていき》に分け、それぞれに応じた治療をすべきとし、特に初期の前徴《ぜんちょう》があらわれた時には吐剤を与え下痢を止め体を温めれば快復し、症状が進んでも痙攣を手や毛布で摩擦し鎮痛剤を与えることが効果的で、衰弱している場合には強壮剤を処方すれば症状を食い止めることができるとした。病状が進んだ厥冷期でも体を温め適切に服用すれば（葡萄酒やコーヒーなどの記載もある）よいとしている。快復に向かう抗抵期では症状に応じて冷水か温湯を与えるなどして養生させ、合併症など場合によってはさらに治療し、また、病が癒えたとしても再患しないよう注意を促している。

洪庵は初期の治療で阿芙蓉（アヘン）をよく用いている。アヘンは鎮痛剤、麻酔剤、催眠剤として有効で、当時、コレラの基本的な治療薬として知られ、洪庵門下生も用いていた。ただし、洪庵は英国医のように多量に与えるべきではないとしている。

適塾では洪庵一家は無事であったが、塾生一人は洪庵自らの治療むなしく亡くなっている。コレラ治療にあたっていた医師仲間も感染し、死亡している。

コレラは明治以降も流行したが、明治二十一年(一八八八)にドイツのコッホがコレラ菌の分離・培養に成功し、予防策が講じられ、その流行は減少していく。しかし、衛生状態が悪い発展途上国ではなお大量に発生している。現在では脱水症状を防ぐ水分と電解質の補給で死亡率は大きく低下している。洪庵は『虎狼痢治準』で初期の患者には麦や米などの煮汁を飲ませることがよいと述べているが、これは現在の経口輸液に相当すると評価される。また、緊急の出版で校正する暇もなく前後が照応しないと自ら拙速を認めているが、未知の流行病に対しては役立つ指針であり、多くの医師・患者を助けたとも言われている。

第九章　将軍奥医師

▼一▲江戸へ赴く

洪庵は文久二年（一八六二）八月、五十三歳の時、西洋医学者としての業績が認められ、将軍家の奥医師として幕府に召し出された。洪庵を推挙したのは、奥医師で西洋医学所取締の伊東玄朴と、玄朴を補佐した林洞海《はやしどうかい》である。洪庵は多病などを理由に辞退し続けていた。同年六月十七日付の長崎で修業している惟準と惟孝にあてた手紙で、「病弱の体質、老後の勤めはなかなかの苦労であり、ことにながく住みなれた土地をはなれることは、経済上もはなはだ不勝手、実に世にいう

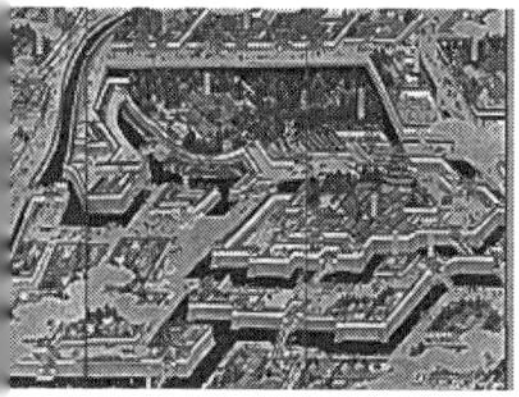

〝難有迷惑《ありがためいわく》〟であるものの、もっぱら〝道の為、子孫の為、討死の覚悟に〟参ろうと思う」と書いている。実際に洪庵はこの頃は体調がすぐれず、年齢も師の中天游の五十三歳や坪井信道の五十四歳の享年に達し、「もはや拙生も手が届くので、甚だ心細く」と死期を悟りはじめた。

しかし、幕府の再三の要請を断り切れず、まさに討死覚悟で承諾せざるをえなくなった。洪庵は江戸に赴く前の同年四月から六月初旬まで、故郷足守の母きゃうの米寿（八十八歳）のお祝いをかねて、塾生二人を連れて中国・四国を旅行している。

旅中、洪庵は大蔵谷（兵庫県明石市）で筑前公と会うなどし、讃岐の丸亀除痘館を運営していた門下生はじめ、かつての教え子や友人との旧交を温め各地の名所旧跡を訪ね、合間に病者を診察した。この間、丸亀で坊主頭に剃っている。奥医師のしきたりを念頭に、江戸行きを決意し剃髪したと思われる。この旅行は母やこの方面の門下生や友人との別れを思い、出かけたのであろう。

江戸に向かうにあたって、留守宅と適塾の後事を塾生の吉雄卓爾《よしおたくじ》に任せた。卓爾はすでに述べたように洪庵の養子となって緒方拙斎《せっさい》と名乗り、後に洪庵夫妻の四女八千代の婿として、次男の惟準とともに緒方家と適塾を支えた。

八月五日、江戸へ出発する際に、次の和歌を詠んだ。

よるべぞと　おもひしものを　難波潟　あしのかりねと　なりにけるかな

難波の干潟に生える葦のように一生住み慣れた大坂で暮らすものと思っていたが、仮住まいとなってしまったことと語り、刈り根と仮り寝をかけている。

洪庵の江戸行きで長崎から大坂に戻っていた平三と四郎であったが、平三は長崎のポンペの下へ帰り、四郎は洪庵に従って江戸へ行くことになった。四郎は英学に関心があり、洋書調所（旧蕃書調所、翌年に開成所と改称）で英語を学ぶことになる。

▼二▲奥医師拝命

文久二年（一八六二）八月二十一日、洪庵は江戸城に登城し老中水野忠精《みずのただきよ》から奥医師を拝命し、就任した。洪庵は就任前後の江戸に着いた文久二年（一八六二）八月一九日から文久三年（一八六三）三月十三日まで、「勤仕向日記《きんしむきにっき》」（『緒方洪庵伝』所収）として日々の仕事や生活を記している。洪庵は麻布の藩邸内の長屋からしばらくして伊東玄朴の屋敷へ移りいわば居候となった。十九日には早速、村田蔵六（大村益次郎）と坪井信道が訪ねている。

将軍は十七歳の第十四代徳川家茂《いえもち》で、この二月に公武合体で孝明天皇の異母妹の同年の和宮《かずのみや》親子内親王《ちかこないしんのう》を正室に迎えている。大奥には前将軍家定の死去で落飾した篤姫《あつひめ》こと天璋院《てんしょういん》や家定の生母本寿院《ほんじゅいん》らがいる。洪庵は将軍謁見の後、これら将軍家や幕閣の要人などへの挨拶回りで数日を要した。

日記では「定例拝診」のほか「御大便拝見」「御小水拝見」などの記載も見られる。

文久二年（一八六二）十月には麻疹《はしか》の記載があり、月末には家茂と和宮が罹り、この頃より当直が増え、二十六日には家茂の意向で林洞海と洪庵が明け方まで始終介抱に努めている。十一月九日には天璋院が発症している。

将軍治癒の祝いは「酒湯《ささゆ》」の儀式で、奥医師一同にはその位に応じた銀貨と時服《じふく》（その時節の衣服）が御祝儀として配られた。

九月十三日は月見の御祝儀で、家茂が御酒を召し上がるので、当直医も御酒、御吸い物、御肴三種を賜っている。十二月十九日は天璋院の誕生日で御餅が下されている。二十四日には暮れの祝いであろうか、御前で御酒と御蕎麦の料理が下された。二十七日は天璋院の御床払いで、本寿院の暮れの御祝儀では銀貨などが下されている。

文久三年（一八六三）元日は、一同大広間で新年の御礼を申し上げ、御流れの盃を頂戴する。次に大奥の大広敷で御雑煮をいただき、続いて天璋院に新年の御礼の挨拶をし、御福包み（お年玉）

を拝領し、部屋で御料理を下される。三月三日は雛祭りで、天璋院の診察をし、雛祭りを見るよう、御菓子と御肴が下された。

日記は和宮よりも天璋院に関する記述が多い。天璋院の養父薩摩藩主島津斉彬は蘭癖《らんぺき》と言われた一方、孝明天皇の異母妹和宮は蘭学を嫌ったことからとも推測される。洪庵は直接に天璋院から菓子や料理やきせるなどをいただくこともあり、よほど気に入られ話があったのであろう。

奥医師としての洪庵の年俸はというと、就任時に三人扶持となり、「足高」として追加の手当てが米二百俵、「御番料」が二百俵下され、年末に後述する西洋医学所頭取となった際には、さらに手当が三十人扶持増えた。一人扶持を米五俵とすると合計七百俵となり、洪庵の父佐伯惟因が最高で十八人扶持の九十俵であったことと比べると、大変な出世といえよう。なお、当時の米相場は変動し現代との比較換算は難しいものの、米一俵は一人一年分の米消費量の一石で金一両となり、一両を十万円とすると、洪庵の年収は七百両で、現代ではおよそ七千万円と試算される。

▼三▲ 奥医師としての苦労

洪庵は奥医師として殿様と呼ばれる身分になり、身に余る光栄なことではあったが、大坂にいた時のような気楽な生活ではなく、かえって窮屈で心配な勤めも多くなり、困ったものと吐露している。年俸が加増されたとはいえ、身分にふさわしく出費もかさんだ。九月三十日付の惟準宛の手紙では次のように書いている。

このたび召し出されては莫大に物入りとなり、家来は十人も召し抱え、勤向の諸道具、衣服、大小の刀まで今まで所持のものでは一切間に合わず、すべて新規に調えたので、これまでに四百両ほども費やしましたが、未だ何ができたようにも見えず、未だ屋敷も定まらず、いずれ屋敷を極めて倹約して建てても五百両はかかるそうで、とても蓄えのお金では足りず、身分こそ高くなりありがたいことではありますが、大貧乏人となり、年老いて苦労しなければならないのは、いかにも情けない次第です。その上、病用も町家はむこうからおそれてよりつかないので、諸大名が頼みですが、このたびの御政事大御変革にて、諸大名奥方は江戸に残らず国勝手にあり、参勤は三年に一度で百日の江戸滞在でとても諸屋敷に病人はなく、公の医師は大飢饉にあったようなもので、このような時節に向かい、この上の暮らし方はいかなるものかと案じる次第です。

奥医師に大坂から就任しその格式を保つには、年俸の割にずいぶんと費用がかかる。幕藩体制が揺らぐ状況下で、頼みの大名家への往診にも声がかからず、「大貧乏人」「大飢饉」というほど厳しい家計であった。高い身分となったものの、年老いて苦労するのは洪庵にとってまさに「ありがた迷惑」であった。

洪庵は文久二年（一八六二）閏八月四日に西洋医学所頭取の兼任を命じられた。西洋医学所の前身は、安政五年（一八五八）五月に蘭医学者有志によって創設されたお玉が池種痘所で、その後万延元年（一八六〇）に幕府の直轄となり、文久元年（一八六一）十月に西洋医学所と改称され、教育・解剖・種痘の三科に分かれ西洋医学を講習する医師の養成所になっていた。初代頭取の大槻俊斎が西洋医学所移行後間もなく文久二年四月に病死し、取締の伊東玄朴らは長州の青木周《あおきしゅう》弼《すけ》と洪庵の二人を推薦したところ両人とも辞退し、周弼が坪井信道・宇田川榛斎同門の洪庵を強く推したので、洪庵は最終的に引き受けざるを得なくなった。

なお、周弼は弟の研蔵とともに長崎でシーボルトにも学び、同藩の医学校好生館の設立に尽力した。また、藩主毛利敬親《もうりたかちか》の侍医となり、研蔵《けんぞう》とともに種痘の普及にもあたり、高杉晋作が十歳の時に疱瘡に罹った際に治療している。西洋書の翻訳は医学から兵学、政治学等の時局にまで及び、萩の青木家には全国から門人が集まった。また、大村益次郎を藩へ召し抱えるよう願書を出している。

研蔵は敬親の命で長崎と佐賀へ派遣され、藩に種痘の技術を伝え、敬親の側医を経て明治天皇の大典医に任じられた。

▼四▲西洋医学所頭取

西洋医学所頭取に就任後、閏八月二十三日には洪庵にとって喜ばしいことに、若年寄より「医業はおいおい西洋医術が採用され、御匙《おさじ》（奥医師の最高位）にも仰せ付けられているので、漢方医であっても西洋療法もともに学び研究し、熟達の者はご用立てとなるよう心得よ」との通達があった。

閏八月八日には松本良順が奥詰医師に任じられ、西洋医学所頭取助に兼任となっている。西洋医学所での講釈は九月十二日にはじまった。十九日には伊東玄朴の居候宅から医学所内の仮屋敷へ引っ越した。

西洋医学所では大槻俊斎の義弟で適塾門下生の手塚良仙（『福翁自伝』の「遊女の置手紙」でからかわれた人物で、手塚治虫の曽祖父で『陽だまりの樹』の主人公の一人）が手伝い、入門生の面接に洪庵とともに立ち合った。良仙は新たな幕府軍制で設置された歩兵屯所医師に命じられている。洪庵に学ぼうと入学した人物としては、適塾生とされる池田謙斎《いけだけんさい》などもいる。

洪庵は適塾同様にオランダ語原書の会読を重んじ、活発な質疑と討論が交わされた。洪庵は長崎にいる惟準に「西洋医学所もおいおい世話ができ、建物の普請も進んでいる最中ですが、何分にも志ある医学者がいなく困っており、お前も早く上達して、アッパレ御用に立つよう出精を頼みます」と諭し激励している。

補佐の良順はかつてコレラの治療をめぐりポンペを批判した洪庵に抗議をしたが、良順はここでポンペの読本を講釈し、治療も大いに行った。洪庵は良順の医術を高く評価し、自分の次席にあることを「いかにも気のどく千万の至なり」とまで言っている。

なお、洪庵の後を継いで第三代頭取となった良順は洪庵の適塾の指導法を一掃し、「兵学家の行為を止め、文法書の講読を禁じたり。しかして専ら究理、舎蜜、薬剤、解剖、生理、病理、療養、内外科、各分課を定めて、午前一回、午後二回、順次その講義をなし、厳に他の書を読むことを禁じたり」と、ポンペ仕込みの講義を中心とした西洋近代医学教育に転換した。

適塾からの学生は「医科の事は詳しく書中にあり、読書を学ばなければ、他日帰郷の後に疑義を解決したり義理を講じることはできない」と反発した。良順はこれに対し、「医学の全科を勉強し暗記すれば必ず三、四年で卒業できる。書を読むのは記憶の迷いを解くのみで、すでに講義を聴いて忘れなければ書はなくてもよい」と答えた。何度かこのようなやり取りがあったが、やがて彼らは服従している。この様子は先の良順のコレラ罹患と同じく良順の自伝に拠る。

十二月十二日には惟準が幕府から長崎での医学伝習を命じられた。すでに長崎にいるので、官費生に変わった。

十二月十六日には洪庵は法眼《ほうげん》に叙せられた。法眼は奥医師の位で伊東玄朴の最高位の法印に次ぐ。

翌文久三年（一八六三）一月十七日には紙製の人体解剖模型のキュンストレイキが届いた（洪庵の日記には、紙製人体、男陰部一式、女陰部一式、胎児之形五通、眼之形、女子陰部之屬具一、とある）。門下生の箕作秋坪に組立てさせ、一緒に見ている。

なお、良順は後に医学校を巡視に来た大目付と目付にこの「紙塑人形」を分解して内臓の位置と官能を概説し、漢方医は内臓を陰陽五行で考え各臓器の位置や官能を誤認すること甚だしく、解剖は緊要のことで医学校中にいまだ解剖所がないことは問題と言い、大いに賛同を得て、学校そばの余地に建てることと毎日「斬罪人《ママ》」の死体を二回ずつ用意することも了承されている。

西洋医学所は文久三年（一八六三）二月に、医学所と改められた。漢方医学からの圧力を跳ね除け、西洋医学が漢方医学に勝利し、西洋医学が日本の医学になった日本医療史の記念すべき転機である。

▼五▲ 洪庵の最期

江戸での洪庵の体調はよかったようだが、使用人はいたとはいえ、やはり単身赴任は不便だったようで、大坂の八重へ「あなたが来てくれなくては、家事の無益の失費が多く、困っており、お察しください」と、江戸へ早く来るよう催促している。

十二月七日から、西洋医学所に隣接した武家屋敷を頭取役宅として所内の敷地に囲い込み手直ししていたのが、翌三月初め頃にできあがった。

洪庵が呼び寄せた八重夫人と六人の子供、従者の長太、巳之介は三月九日に大坂を発ち、三月二十四日に江戸に着き頭取役宅に入った。

それからわずか三ヵ月後、洪庵は六月十日に急死する。

八重の手紙によれば、「昼食もよくめしあがり、書物を見ながら少々昼寝をし、坪井氏からのてがみが届いたので起こしたところ、目を覚まして寝ながらそのてがみをみていたところ、急に咳が続いて出て口中へも鼻へも血がたくさん出て、もはや引く息は少しもできないようで、早々と死去された」と言う。

大量の出血のための窒息死と思われるが、肺結核による肺からの喀血か、胃病による吐血か議論が分かれており、前者が有力とされている。

福沢諭吉は洪庵の急報に私塾のあった新銭座《しんせんざ》（現、東京都港区浜松町）から駆けつけた。『福翁自伝』に次のようにある。

その歳の六月十日に緒方洪庵先生の不幸。その前から江戸に出て来て下谷に居た緒方先生が、急病で大層吐血したという急使《きゅうつかい》に、私は実に胆《きも》を潰した。その二、三日前に先生の所へ行ってチャント様子を知っているのに、急病とは何事であろうと、取るものも取り敢えず即刻宅《うち》を駆け出して、その時分《じぶん》には人力車も何もありはしないから、新銭座から下谷まで駆け詰めで緒方の内に飛び込んだところが、もう緈切《ことき》れてしまったあと。これはマア如何《どう》したら宜《よ》かろうと、丸《まる》で夢を見たような訳《わ》け。

諭吉の驚きと師を慕い慌てる様があらわされている。

なお、門人はじめ多くの関係者が集まり通夜となったが、村田蔵六（大村益次郎）とのやりとりが記されている。

長州から帰っていた村田が諭吉の隣に来ており、諭吉が長州の攘夷をまるで気違い沙汰だと言うと、反論する「その権幕は以前の村田ではない。実に思い掛《が》けもないことで、これは変なことだ、妙なことだと思うたから、私は宜加減《いいかげん》に話を結んで」、箕作秋坪の側に移っている。攘夷の真っ盛りの長州へ行っている村田の身を塾生は皆心配していた。しかしまた一方で、近づかないようにもしていた。村田は自身の防御のために攘夷の仮面《めん》を冠っていたのか、本当に攘夷主義になったのか、今でもわからず不審が晴れないと、諭吉は語っている。

洪庵の急死に関して、尊王攘夷派による天誅という噂が流れた。洪庵の死を知った親友の広瀬旭荘はその噂を否定し、「六月二日に江戸城西丸が炎上した時に、和宮様の立ち退きにお供を申し付けられ坊主頭を日々照らされて、それから吐血し、決して天誅家に殺されたのではない」と述べている。二十五年以来の親交のあった旭荘は八月十七日、わずか二ヵ月余り後にこの世を去っている。

洪庵の葬儀は二日後に営まれ、江戸駒込の高林寺に埋葬された。明治四十二（一九〇九）年に従四位を贈位されたときの記念碑「追賁碑《ついひひ》」（追賁とは死者を後から褒めたたえるという意味）の碑文は森林太郎（鷗外）による。緒方家の菩提寺である大坂の龍海寺にも洪庵の遺髪を納めた墓が建てられた。享年五十四歳。

第十章　門下生の時代

適塾には天保十五年（一八四四）から元治元年（一八六四）までの『姓名録』といういわば入門帳が残されており、それによると青森県と沖縄県を除く全国から六三六人が入塾しており、姓名、入門年月日、出身地がわかる。一八四三年以前に洪庵に学んだ者、署名せずに通塾した者を加えると千人を超えるとも言われる。また、洪庵没後、養子の拙斎が明治まで継続した大坂適塾と、洪庵の二男惟準が東京に開いた東京適塾もある。

本章ではよく知られる代表的な門下生を紹介する。

▼一▲大村益次郎――洪庵とともに眠る右足

教育者としての前半生

大村益次郎は文政八年（一八二五）五月三日、長州の周防国吉敷《よしき》郡鋳銭司《すぜんじ》村の村医の家に生まれた。天保十三年（一八四二）に防府でシーボルトの弟子の梅田幽斎に医学や蘭学を学び、翌天保十四年四月に日田の咸宜園に入門し、翌弘化元年（一八四四）六月まで漢学を学ぶ。

弘化三年（一八四六）二十一歳の時に適塾に入門し、一時期長崎に留学し、嘉永二年（一八四九）には塾頭になる。在塾中は実によく学び、動物の解剖を行うなど研究熱心で遊ぶこともなく、塾頭としても綿密な講義をした。洪庵の二男平三（惟準）を背負って遊ばせたエピソードもある。洪庵の通夜の席にも来ているように、江戸でも洪庵を慕いよく訪ねている。

嘉永三年（一八五〇）、洪庵にその才能を惜しまれつつ適塾を辞して郷里に帰り、一村医師として開業する。益次郎は不愛想で、「お暑うございます」という時候の挨拶にも「夏は暑いのが当たり前です」と答え、治療も上手くはなく村医としてははやらず、嘉永六年（一八五三）宇和島藩に招かれ藩士に洋学を教えることになった。

安政二年（一八五五）には蒸気機関で動く「軍艦雛形」を完成させ、藩主伊達宗城《だてむねなり》からその出来栄えを称賛され金品の賞与を賜った。安政三年（一八五六）三月、藩主参勤に従い江戸へ赴く。五月に下谷の大槻俊斎の家に寄寓し、十一月には麹町一番町に私塾「鳩居堂《きゅうきょどう》」を開き、同月、幕府の蕃書調所教授手代、翌年十一月には講武所教授となり、オランダ語や兵学・数学・測量学などを教えた。益次郎の旧宅を移築した潮満寺の襖の下張に、自筆の書簡や日常の覚書、塾運営の書付、軍制への意見書、四境戦争の武器購入、軍隊の編成などに関する文書が見つかった。教育者・兵学者・戦略家としての益次郎の貴重な資料で、幕末・長州史を裏打ちするものであり、『大村益次郎文書』『大村益次郎資料』にまとめられている。以下、同二書に拠る。

大村自筆の鳩居堂の四ヵ条から成る塾則と思われるものがあり、その一条に「門外は格別、門内は尊卑親疎之等なく業を以て上等とす」とある。「謝儀覚書」には「在宿ノ人三十名」とあり、塾の繁盛ぶりがうかがえる。安政五年（一八五八）五月には長州藩に請われて江戸桜田邸で蘭書会読の指導をし、その出席簿に桂小五郎（木戸孝允）の名前が見え、この場で二人が出会ったものと思われる。桂が益次郎の西洋学者としての実力を知り、その後、長州藩へと誘い、青木周弼の介添えもあって万延元年（一八六〇）四月に正式に長州藩士となる。

文久元年（一八六一）益次郎は萩へ帰り、洋学所博習堂で藩士に洋学と兵学を教授した。この時の「和蘭文典解読名簿」があり、飯田吉次（二）郎（後の俊徳）、正木退蔵、植木太郎右衛門、岡部仁之助、渡辺寅之允、藤井研造ら松下村塾出身者の名前が見え、白丸・黒丸で成績を示している。この白丸・黒丸の採点は益次郎が学んだ適塾の採点方法であり、適塾のものは残っていないが、長州での益次郎のものはこのように残っている。

飯田の白丸が最も多く、博習館後も益次郎に学び、長州藩のオランダ留学生に選ばれた。維新後は工部省留学生となり六年に及ぶ留学を経て、工部省に出仕し鉄道建設の第一線で指揮を執り、高官を務めた。飯田俊徳の倒幕と維新後の技術者としての活躍は吉田松陰と大村益次郎の指導に発し、また、益次郎を通じた適塾の教育にも基づくものといえよう。

この頃、益次郎はオランダの兵学者クノープの戦術書を翻訳し、『兵家須知戦闘戦術門《へいかすちせんとうせんじゅつもん》』として刊行し、兵学校の教科書としている。

博習堂には、授読師という上級生の指導で素読とその記憶そしてその文意を講釈する日課があり、このような学習方法も適塾の影響と見られる。また、「人を教える労力は少なくないが、自分自身もまた先輩を苦労させたことを顧みて、丁寧に反復して教えなさい。教えることは人のためのみならず、再三これを反復することはひろくその語を記憶しその理義を会得し、自分自身に益することもまた少なくない」としている。上級生が下級生を指導する学塾の運営は、上級生自身のためでもあると言う。

益次郎はさらに兵学寮の教授となり、歩兵塾・騎兵塾・砲兵塾を統括し、この三兵塾は兵学校とも称され、三兵学科塾では築城学、測量学、万国の地理と歴史、砲術、航海術、オランダ語、代数などを教えた。このようにして西洋式兵学を教え優秀な士官を養成したことが、後の第二次長州征伐の勝利につながる。

益次郎の宇和島、江戸、長州における前半生はまさに教育者であった。その教授のあり方の原点は緒方洪庵と適塾にあり、さらに実践性が増していった。

歴史の表舞台へ

以後、益次郎は藩政の表舞台に出て政務と軍務の要職の階段を上っていく。元治元年(一八六四)八月五日、英・仏・米・蘭の連合艦隊が前年の攘夷戦の報復として下関を攻撃した。長州藩の降伏にあたって益次郎は赤間関夷艦応接係に任命され、さらに政務座役の軍務専任となり、外国との交渉にあたる。その後、長崎での薩摩藩の仲介による、グラバーからのミニエー銃四千挺余りの購入等の手配、あるいは英国で造られた藩の軍艦壬戌丸《じんじゅつまる》処分のための上海への渡航という重要な役目も果たしている。この頃、藩命で村田蔵六を大村益次郎に改名している。

慶応二年(一八六六)六月、第二次長州征伐、長州藩でいう四境戦争がはじまった。益次郎は四境戦の戦略を立案し、その各戦地の見取図や作戦図が残されている。高杉晋作は病をおして五隻の小型軍艦を率いて、山形有朋ら奇兵隊とともに小倉口でこの戦争で最も激しい戦闘を繰り返し勝利した。益次郎はいわば陸軍を統括し、自らは劣勢と思われた石州口を担当し、中立的な立場をとった津和野藩を通過し、徳川慶喜の異母弟・松平武聰《たけあきら》が藩主であった浜田藩へ侵攻し、農民兵七百余りで数千の幕軍と対峙するも、その巧みな指揮で浜田城を陥落させ制圧した。

この時の益次郎の逸話がある。敵兵を向こうにしながらも川に橋がないため進軍をためらう兵達を一喝し、文句を言う彼らをがむしゃらに飛び込ませた。しかし勝利した帰りには橋を架けたのである。「私に腹を立てれば勇気も出よう。帰りは気がゆるみ疲れてもいようから、橋をかけておいた」と言った。

四境戦争での長州藩の勝利は幕府瓦解の決定的な契機となる。大政奉還、伏見鳥羽の戦い後、益次郎は軍防事務局判事となり江戸に至り、総司令官として江戸を火中にすることなく上野彰《しょう》義隊《ぎたい》三千人を一日で破り、際立った軍略家としての評価を高める。なお、戊辰戦争で降伏した者の中に適塾後輩の大鳥圭介がいることを知り、その才能を惜しみ減刑に奔走したと言われている。以後、日本近代軍隊の基礎をつくる役割を果たし、兵部大輔《ひょうぶたいふ》（兵部省の次官で、兵部卿は公家であり実際の最高責任者）まで務める。益次郎の推し進めた近代化・近代軍制とは士族の廃止、廃刀令、鎮台と兵学校の設置、洋式で四民の別なく国民から組織する徴兵制であった。この構想には士族の大きな反発があった。

益次郎は明治二年（一八六九）九月四日、京都で不平士族に襲われる。重傷を負い、大阪仮病院院長であった緒方惟準に報せが来たのが九月末で、蘭医ボードウィンらと駆け付け、十月一日京都兵学寮の児玉源太郎《こだまげんたろう》（長州藩士。後の陸軍大将・内務大臣・陸軍参謀総長）と寺内正毅《てらうちまさたけ》（長州藩士。後の陸軍大臣・内閣総理大臣）ら生徒に担架で運ばれ伏見から船で下り、二日夕刻に大坂仮病院に移った。京都の医師の処置が悪く敗血症になっており、右足大腿部の切断となったが、手術の勅許を得るための東京との連絡が手間取り、手遅れの病状にあった。

この時、シーボルトの娘で日本人女性で最初の産科医・洋学医師の楠本イネとその娘高《たか》（ただ、ともいう）が看護にあたった。イネはシーボルト門下の宇和島藩で開業していた二宮敬作に医学の基礎を学び、この時、宇和島藩に出仕していた益次郎にオランダ語を学んでおり、再来日した父シーボルト、ポンペ、ボードウィンについてさらに医学を修めた。益次郎の治療には敬作の甥で大坂仮病院にいた医師の三瀬周三もあたっている。

益次郎は十一月十三日に死亡した。享年四十六歳。臨終の際、切断した右足を緒方洪庵先生の墓の傍らに埋めてくれるよう、また、今後注意するのは西であり九州に士族の反乱が起こることを予言しその備えをするよう命じた（大阪に軍の基地と武器工場を置くとしたのは西の不穏な動きに対するものであり、益次郎は西郷隆盛を評価していなかったともいう）。益次郎の墓は洪庵の側と郷里の鋳銭寺にある。

益次郎の軍制構想は門弟の山田顕義《やまだあきよし》らによってまとめられ、国民皆兵の徴兵制は山形有朋《やまがたありとも》によって実現する。ともに吉田松陰門下である。

益次郎は明治二年（一八六九）六月に戊辰戦争の戦没者を祀るため、東京九段の地を選び、ここに東京招魂社が建てられた。やがて靖国神社と名を改められる。靖国神社参道には上野をのぞむ大村益次郎像がある。この大村益次郎像は日本最初の西洋式銅像であり、益次郎像がこのようにつくられたのは、洋学を修め西洋式の近代軍隊の基礎を築いたことに所縁《ゆかり》があるとも思われる。

益次郎は司馬遼太郎の『花神』で広く知られるようになった。同書は益次郎と幕末維新また益次郎の関係者を詳しく描いたものである。また、『司馬遼太郎の日本史探訪』では緒方洪庵とともに取り上げられ、益次郎の事績の要旨が語られている。

益次郎はタクチック（戦術）とストラトギイ（戦略）の違いをわかり、緻密な計算と洞察力で、一介の村医者から時代に呼ばれ新政府軍の諸葛孔明、天才的な軍略家とまで評され偉大な業績を遺した。大村益次郎の事績は長州に生まれたその人間性と才能、そして死後も側にいることを望んだ洪庵の指導と適塾での修業によるものと言える。

▼二▲ 大鳥圭介――同門と戦火を交えた波瀾万丈の傑士

閑谷学校から洋学へ

大鳥圭介は天保三年（一八三二）、播磨国赤穂郡細念《さいねん》村に医師の家系に生まれた。幼少より才智非凡で神童と言われ、祖父に四書の素読などを受け、そして祖父も学んだ閑谷学校に弘化二年（一八四五）、十四歳の時に入学し、ここで五年間漢学を学び、俊才として知られた。細念村に戻り、先祖代々の医師を継ぐよう細念村から六里（二四キロ）離れた加里町の医師の中島意庵《なかじまいあん》に預けられたが、中島は漢学ではなく洋学を勧め、物理学、植物学、病理学、解剖書などを貸し与えたところ、圭介は非常に魅かれ漢学に見切りをつけ洋学に転換した。父親に医師になることを約束し、嘉永五年（一八五二）の春、二十歳の時、適塾に入門する。大村益次郎は嘉永三年に退塾し、福沢諭吉は安政二年（一八五五）に圭介と入れ違いに入塾しているが、圭介の自伝には諭吉と一緒だったという記述があり、顔を合わせていたと思われる。圭介はオランダ語の原書をやさしい単語からではなく、いきなりグランマチカ（文法）からはじめたと回想している。また家からの仕送りは十分ではなく、適塾同僚のためにオランダ語を翻訳し、その筆耕料で生活費を補った。

適塾ではよく勉強したが、観劇の趣味もあり、歌舞伎俳優の声色をまねて同僚に話しかけたりもしている。洪庵の嘉永六年（一八五三）一月二十七日の日記に「午後回勤。午前不快平臥。大鳥圭介に按摩頼む。夜浴湯」という記述がある。このように二年半ほど過ごし、家からは帰郷の催促があったが、医学は勉強しておらず、帰郷の際の書籍代などとして父親に送金を頼み、その金で西洋医学の勉強をしようと江戸へ向かう。父親には詫び、蘭方医の坪井忠益《つぼいただます》（ちゅうます、ともいう）の塾に入門した。安政元年（一八五四）、忠益は洪庵の師であった坪井信道の養子で、この頃坪井塾の塾頭をしていた。圭介は適塾で蘭学を修めていたので、直ぐに塾長となり、多くの生徒を指導する立場となった。また、そこでは原書も豊富で他から借りることもでき、勉学もずいぶんと進んだ。同窓には後に日本初の『英和字彙』（英和辞書）を出版し読売新聞を創刊した子安峻《こやすたかし》（しゅん、ともいう。佐久間象山と大村益次郎にも学ぶ）や、橋本左内の次弟で後の軍医橋本綱三郎《つなさぶろう》（綱惟。左内の末弟綱常《つなつね》は陸軍軍医総監）、後の帝国（東京）大学総長で明六社に参加した加藤弘之《かとうひろゆき》（佐久間象山にも学ぶ）らがいる。坪井塾には西洋兵学の問い合わせが多く、圭介は医学よりも兵学を学び教えるようになっていた。

安政二年（一八五五）十月二日夜、安政の大地震が起こる。圭介は宿舎の二階から何とか外へ出たところ、大変な被害で余震も続いていたが、悠然と構えていたという逸話がある。

西洋砲術で著名な江川坦庵が安政二年に没し、当時はまだ十六歳の長男英敏《ひでとし》が第三十七代江川家当主となり、坦庵の門人が蘭学を講じていたが病死し、圭介が三顧の礼で蘭学と西洋兵学の教授に招かれた。圭介は綱三郎も誘い江川塾に居を移したが、賓客の礼で優遇された。江川塾には薩摩の黒田了介（清隆。後の北海道開拓長官・内閣総理大臣等）や大山弥助（巌。後の陸軍大臣・内大臣等）らがおり、ともに砲術等の練習をした。その間、ジョン万次郎から英語も学んでいる。またこの頃、洋書を読んで金属活字をつくることを考え、『築城典型』と『砲科新編』をオランダ語の原書から翻訳し兵書講義の教科書に用いる際、この日本初となる『大鳥活字』を使った印刷に成功している。原書から独学によって、写真の撮影法も会得している。科学的な知識欲が旺盛で、実践的にものにしていった。

箱館戦争

圭介はその後、尼崎藩や徳島藩に招かれ、また、幕府の勘定奉行で開明家である小栗忠順にかけあいフランス軍事顧問団の訓練生になり、以後、幕府の歩兵奉行まで昇進する。

やがて大政奉還、伏見鳥羽の戦いがあり、将軍慶喜は江戸へ戻り官軍への恭順の姿勢を取る。対して、榎本武揚とともに圭介は主戦論であったが、将軍が恭順である以上、江戸で戦うことはできない。海軍の榎本武揚と陸軍の圭介に率いられ幕軍は江戸を脱走する。圭介は妻と三人の子供を下総《しもうさ》佐倉藩の知人に預けた。圭介に従うのは当初およそ四百五十人余りであったが、現在の千葉県市川市あたりで新選組の土方歳三らとも出会い、全軍は二千人ほどになり圭介が推されて総督になる。大鳥軍とは別に、高松凌雲の兄古屋佐久左衛門《ふるやさくざえもん》が率いる衝鋒隊《しょうほうたい》もあり、後に箱館でともに戦う。他に旗本の子弟で構成する約千五百人の撤兵隊《てっぺいたい》もあり、房総の木更津で義軍府を創設したが、東征軍に敗れ四散している。

大鳥軍は会津でも戦ったが、銃器弾薬も不足して撤退し、仙台で榎本海軍と一緒になる。大鳥軍は連戦連敗であった。その戦いと用兵が批判されもする。しかし、官軍の先進的な銃器に対して不足する兵器兵糧ではそもそも勝利しがたいところであったろう。始終、負け通しであったが、負けると不思議ににこにことして帰ってくる。圭介がにこにこ笑って来たから、また負け戦だと言っていると「さよう、また負けた」と笑っている。他の人であれば、負けると真っ赤になって言い訳するところ、圭介は少しも言い訳しない。そして悪く言う者もいないのである。降伏まで陸軍の大将を務めていたのは、その偉大な人格によると言われている。

榎本軍の副官は林董《はやしただす》で、佐倉順天堂の佐藤泰然の五男、松本良順の弟であり、幕府の医師林《はやし》洞海《どうかい》の養子であった。董は幕府留学生として英国に留学したが幕府瓦解で帰国し、洞海は主君徳川家のため戦うという董を幕軍に送りだす。董は後年、明治政府の逓信大臣・外務大臣等を務める。洞海の子研海《けんかい》はオランダに留学し、榎本の親友で、後年、陸軍軍医総監を務める。榎本の妻たつ子は研海の妹である。

幕軍は仙台を去り、蝦夷地、箱館に赴き、五稜郭に入り臨時政府を樹立する。五稜郭は適塾門下の武田斐三郎の設計による。総裁は榎本、圭介は陸軍奉行となった。この箱館戦争では適塾門下の高松凌雲が箱館病院で活躍する。

官軍のいわば総大将は適塾出身の大村益次郎で、蝦夷地に上陸した三つの官軍の第一軍は大村益次郎門弟の山田顕義が参謀として指揮を執り、第二軍参謀は江川塾でオランダ語を教え一緒に砲術を学んだ黒田清隆であった。落城を覚悟した榎本は当時日本に二つとないオランダで入手した貴重なフランスのオルトラン著の海軍法典『万国海律全書』を黒田へ贈った。黒田はその御礼の書面と酒五樽を城内に届けている。黒田は後に本書を福沢諭吉に翻訳させようとしている。激戦の末、官軍の総指揮を執った黒田が働きかけ榎本と会談し、榎本軍は最後の軍議で降伏を決定し、官軍の捕虜となった。圭介は三十四歳であった。

榎本や圭介らは東京へ護送され、糾問所で取り調べを受け、劣悪な牢獄に囚われた。圭介は自宅出立から入獄中の明治三年（一八五六）七月二十九日までの事を記した『南柯紀行』で、「予《よ》嘗《かつ》て舶来《はくらい》の虎を見しことあり今日の姿恰《あたか》も見せ物小屋の虎の如し悲しむべき哉《かな》」と落魄の身を悲しんでいるが、自らを虎に例えているとおり圭介は剛勇であった。また、「嗚呼《ああ》人世《じんせい》の栄枯浮沈も甚《はなは》だしい哉《かな》、往時を思い出せば皆一場《いちじょう》の夢」という。この糾問所は徳川幕府の時に大手前兵屯所といい、圭介らが毎日出勤すると番兵数人が圭介らに捧銃《ささげつつ》の敬礼をした所である。榎本や圭介の処分をめぐっては木戸孝允らは処刑すべきとの強硬論であったが、箱館戦争で対峙した当の黒田らは赦免を唱えた。黒田は榎本らの助命嘆願に丸坊主に剃髪した。数珠を首に下げて東奔西走した。西郷隆盛の判断と言われるが、明治五年（一八七二）一月六日、三年ぶりに出獄した。

明治政府での活躍

榎本と大鳥は早速、黒田の屋敷を訪れ感謝の意を表したが、黒田も喜んだ。北海道開拓使長官代理の職にあった黒田はさらに榎本・圭介ら六人を開拓使五等（四等あるいは御用掛との記述もある）出仕として迎えた。高給で「当分、出勤には及ばず」という破格の扱いであった。

日本は外債発行のため大蔵少輔《おおくらしょうゆう》の吉田清成《よしだきよなり》を理事官として欧米へ派遣することになったが、圭介は同年二月十二日に大蔵少丞《しょうじょう》を兼任し同行することとなった。前年にいわゆる岩倉全権使節団がアメリカに渡っており、ワシントンで一緒になった。圭介は使節団に加わり、イギリスに赴いた。イギリスでは兵器工場はじめさまざまな工場を視察した。工部大輔の三十一歳の若き伊藤博文とも行動をともにし、岩倉具視、木戸孝允、大久保利通らと知り合った。吉田と圭介は再びアメリカへ行き見聞をさらに広めた後、帰国の途に着き、明治七年（一八七四）三月二十七日、横浜に着いた。

帰国後、陸軍省出仕を命じられたが、二度と軍務に携わる意思はなかった。薩長主体の政府で幕府軍出身では出る幕はないと判断し、伊藤からの誘いもあってわずか三ヵ月半で工部省へ移った。以後、工部大学校（後の帝国大学工科大学、今日の東京大学に至る）校長、また、工部美術学校（後に閉校となり、東京美術学校、今日の東京芸術大学に至る）の校長も兼務した。さらに、学習院の第三代院長にも就任し、華族女学校校長も兼任した。

明治二十二年（一八八九）六月三日、圭介は清国特命全権公使に任じられた。明治二十六年（一八九三）七月十五日には朝鮮国駐箚《ちゅうさつ》公使の兼任となった。朝鮮の内政は混乱し、圭介は朝鮮の自主独立と内政改革に助言するも、清国の朝鮮への干渉もあって、日清戦争へと至る。当時、福沢諭吉は朝鮮の自主独立と内政改革に向け助力し、また、『脱亜論』を著していた。

帰国後、圭介は枢密顧問官となり、明治三十三年五月五日、男爵位を授けられる。明治四十三年（一九一〇）六月十五日永眠。享年七十九歳。

青山斎場での会葬者は元老など千余人であった。榎本武揚、黒田清隆、福沢諭吉、勝海舟はすでにいなかった。

蘭学を学びオランダに留学し箱館戦争でともに戦った榎本は、明治政府で逓信大臣、文部大臣、外務大臣、農商務大臣を歴任していた。圭介は榎本と同じく旧幕府軍首脳でありながら要職につき、主に工学、技術、教育の分野で大きく貢献した。医師の家系に生まれた圭介は適塾では物理学など広く蘭学を学び、さらに江戸で西洋兵学を講究した。箱館戦争で敗北するが、日本近代化への礎となった。お互いに敵将として対峙し、また、明治時代に思想と行動をともにした朋友も適塾生であった。

▼三▲福沢諭吉――英知に底流する漢学の素養――

福沢諭吉については、『福翁自伝』における「緒方の塾風」で適塾を最もよく描いており、その記述を紹介してきた。

諭吉ははじめに漢学を修め、適塾で蘭学を学び、江戸に出て英語を学んだ。安政五年（一八五八）十月、中津藩の藩命で築地鉄砲洲の同藩屋敷内に蘭学塾を開き、新銭座に移転後の慶応四年（明治元年、一八六八）四月に新校舎を慶應義塾と命名した。遣米・遣欧使節団に加わり、帰国後の慶応二年（一八六六）に『西洋事情』を著し啓蒙活動をはじめた。明治政府に出仕を請われるも断り、慶應義塾での教育に専念する。

実学

諭吉は江戸ではじめ蘭学を講じるも、アメリカから帰国後は英学塾へと転換し、『西洋事情』

で「理化学・器械学」の重要性を説き、欧米の病院・銀行・郵便・徴兵の制度や設備を紹介した。また、アメリカ独立宣言の全文を翻訳し、本格的に日本に「文明」を根付かせようと啓蒙活動を開始する。

そして諭吉の代表作としてよく知られる『学問のすゝめ』を出版した。諭吉によればその初編は偽版も含めて二十二万部ほどは出て、日本人百六十人につき一冊という大変なベストセラーとなった。その書き出しは有名な「天は人の上に人を造らず、人の下に人を造らずと云えり」である。諭吉の「同等」の思想を凝縮した一文であるが、「云えり」とあるように、アメリカ独立宣言における平等宣言をふまえたものであるとも言われる。しかし諭吉は自身でその思索を深め、人権とともに国の独立をも見据えているのである。教育者であった諭吉の学問とは何か。初編で次のように書いている。

学問とは、唯《ただ》むずかしき字を知り、解し難き古文を読み、和歌を楽しみ、詩を作るなど、世上《せじょう》に実のなき文学を云うにあらず。これ等の文学も自《おのず》から人の心を悦《よろこ》ばしめ、随分調法なる者なれども、古来世間の儒者、和学者などの申すよう、さまであがめ貴むべき者にあらず。古来漢学者に世帯持《せたいもち》の上手なる者も少く、和歌をよくして商売に巧者《こうしゃ》なる町人も稀《まれ》なり。これがため心ある町人百姓は、その子の学問に出精《しゅっせい》するを見て、やがて身代《しんだい》を持崩すならんとて、親心に心配する者あり。無理ならぬことなり。畢竟《ひっきょう》その学問の実に遠くして、日用の間に合わぬ証拠なり。されば今斯《かか》る実なき学問は先《ま》ず次にし、専《もっぱ》ら勤むべきは人間普通日用に近き実学なり。譬《たと》えば、イロハ四十七文字を習い、手紙の文言《もんごん》、帳合《ちょうあい》の仕方、算盤《そろばん》の稽古《けいこ》、天秤《てんびん》の取扱等を心得、尚《なお》又進《すすみ》て学ぶべき箇条は甚《はなはだ》多し。

そして、諭吉は地理学、究理学（広義の物理学）、歴史、経済学、修身学と列挙していく。引用文の前半では漢学、儒教等をまさに切り捨てている。そして諭吉は、「実学」を唱える。実学とは「人間普通日用に近き実学」であり、実際に役立つ学問、また、さらに諸学問をあげているように、「物事の道理」に基づく実証的で経験的な学問を言っている。

諭吉は「私がこの日本に洋学を盛んにして、如何《どう》でもして西洋流の文明富強国にしたいという熱心で」、慶應義塾を「西洋文明の案内者にして、あたかも東道の主人となり、西洋流の一手販売、特別エゼントとでもいうような役を勤めて」と意図したわけであるが、東洋の儒教主義と西洋の文明主義を比較し、東洋にないものとして「有形において数理学と、無形において独立心」をあげ、慶應義塾の教育方針を数理と独立としている。

諭吉は経済と実業を牽引したが、「帳合」「簿記法」を日本にもたらしたのも諭吉であり、会計学の祖という名誉も与えられる。

丸山眞男は江戸時代諸学の実学は「倫理」の実学であったのに対し、諭吉の実学は「物理」の実学であり、その根本においては実証主義へと革命的に「転回」を遂げたものであると、『福沢諭吉の哲学』において諭吉の実学の解釈を行っている。明治時代を牽引した諭吉がよって立った実学とはそのようなものであり、大鳥圭介による工学の教育と普及にも相通じるものである。『学問のすゝめ』十二編では「学問の要は活用に在るのみ。活用なき学問は無学に等し」と述べている。しかし、諭吉が自ら言うように、また、丸山が転回というように、儒教と漢学を否定したかのようにとらえるのは疑問でもあろう。丸山はマックス・ヴェーバーの影響下にあるが、ヴェーバーは近代化とは合理化の過程ととらえていた。確かに諭吉の実学も合理化ととらえることはできるが、やはり漢学と儒教の影響下にあると、筆者には思われる。

学問は活用にありとは、陽明学の知行合一をも想起させる。『福翁自伝』では、自身は随分と漢書を読み勉強しているので、かくまで漢学を敵にするのはいわゆる獅子身中の虫であって、漢学のためには実に悪い外道《げどう》だと言っている。裏を返せば、自らが漢学のうちにあることを明言しているのである。諭吉は漢学の敵ではなく内部のはずれものであり、実際には思想の基盤をなしているのである。洪庵が漢学を重んじたことも踏まえるべきであろう。

『学問のすゝめ』では、諭吉はさらに、「身も独立し、家も独立し、天下国家も独立すべきなり」と続ける。

文明、実学、独立が諭吉の思想と活動の核心であった。第二編では「人は同等なる事」を説いた。同等とは「権理通義」が等しい事であり、「人々その命を重んじ、その身代所持のものを守り、その面目名誉を大切にするの大義なり」という。「権理通義」とは right の訳であり、権利をあらわす。また、「義」とあるように、正義をもあらわす。

『文明論之概略』の書き出しには、「文明とは、人の精神発達の議論なり。その趣意は一人《いちにん》の精神発達を論ずるにあらず、天下衆人《しゅうじん》の精神発達を一体《いったい》に集めて、その一体の発達を論ずるものなり」（緒言）とある。また、「文明とは人間交際の次第に改《あらたま》りて良き方に赴く有様を形容したる語にて、野蛮無法の独立に反し、一国の体裁を成すという義なり」）（巻之一第三章）ともいう。

また、同書第三章では、ジョン・S・ミルの『経済学原理』（初版、一八四八）を引用し、アメリカの競争原理による自由主義経済を「人間最上の約束」「人間交際の至善」とは言えないと論じている。諭吉は『民情一新《みんじょういっしん》』において、「蒸気船、蒸気車、電信、郵便、印刷」の急速な発展のため、「今日の西洋諸国は正に狼狽して方向に迷う者なり」と西洋文明批判を行っている。西洋文明案内者の諭吉がこのようにミルを引き、そして、西洋文明とアメリカを批判するのは、諭吉は単なる古典的な市場経済主義者ではなく、当時のアメリカに限らず、経済の弊害をも見通していたことを示唆している。「爰《ここ》に怪しむ可きは、我日本普通の学者論客が西洋を盲信するの一事なり」と、いわば西洋かぶれにも注意を促す。

『通俗国権論』二編では、「彼我共同の方向」として、英語でいえば「コモン・コース」なるものがあると説き、『学問のすゝめ』八編では慶應義塾でテキストとして用いられたThe Elements of Political Economyの著者であるウエーランドのモラルサイエンスを説いている。

諭吉は合理性を重視して実学を唱えたが、いずれも倫理に基づくものであり、西洋を輸入する一方、西洋を盲信することなく、日本を文明化することを図ったのである。

脱亜論

諭吉は明治十五年（一八八二）八月頃より『時事新報』で朝鮮との外交のあり方を繰り返し論じ、朝鮮と清の因循姑息から両国が西洋の手に落ちると日本も植民地化を免れないと危機感を募らせ、両国の文明化を求めた。諭吉は啓蒙のための新聞発行事業などを支援するため、門下生を派遣し、新聞印刷機なども送った。

『時事新報』で明治十八年（一八八五）三月十六日に発表した『脱亜論』では、日本は「亜細亜の固陋」を脱し西洋の文明に移ったといい、支那と朝鮮の二つの隣国を「古風旧慣に恋々するの情」にとりつかれていると評し、「今より数年を出でずして亡国と為り、其国土は世界文明諸国の分割に帰す」に違いないと予想する。そして、「西洋文明人の眼を以てすれば、三国の地理相接するが為に、時に或は之を同一視」し、「間接に我外交上の故障を成すこと実に少々ならず」

と日本への影響を憂慮する。そこで、「我国は隣国の開明を待て共に亜細亜を興すの猶予ある可らず」と、なお一層に危機感を募らせ、支那・朝鮮を「西洋人が之に接するの風に従て処分す可きのみ」と言い、「悪友を親しむ者は共に悪名を免かる可からず。我れは心に於て亜細亜東方の悪友を謝絶するものなり」と述べている。

諭吉は欧米列強の押し付けた不平等条約の改正を強く願い、西洋に対して、清と清に従属する朝鮮の近代化を熱心に願ったが、朝鮮は諭吉の開化派支援にもかかわらず、守旧派が清の支援を受けて開化派を鎮圧し、開化派の逸材とその親や子供までも多数惨殺した。慶應義塾に留学した者の多くも命を落としている。諭吉はその悲しみと憤りの中で有名な『脱亜論』を発表する。

そして、遂に明治二十七年（一八九四）六月、日清戦争が開戦となった。この時、すでにふれたように大鳥圭介が朝鮮公使として清への従属関係破棄を求める最終通告を朝鮮に行い、それが受け入れられないと、日本軍の混成旅団の兵士とともに王宮を占拠し、親日派政権を樹立させた。日清戦争は翌明治二十八年（一八九五）四月十七日の下関条約調印で日本の勝利に終わる。

『福翁自伝』には、「日清戦争など官民一致の勝利、愉快とも難有いとも言いようがない。命あればこそコンナことを見聞するのだ、前に死んだ同志の朋友が不幸だ、アア見せてやりたいと、毎度私は泣きました」とある。

医学への貢献

幕末に友人の神田孝平が『蘭学事始』の写本を偶然に発見した。本書は杉田玄白がオランダの医学書『ターヘル・アナトミア』を翻訳した際の苦心談と、蘭学草創期の史実を後世に残そうとまとめたものである。はじめは『蘭東事始』とも『和蘭事始』とも記録されている。諭吉は同書を単なる医学上の一小事ではなく、日本文明史の重大事ととらえていた。『ターヘル・アナトミア』を翻訳したのは「実に我日本開闢以来の大事業」であり、「世界の文明史に大書す可きもの」と、有志と私財を投じ、明治二年（一八六九）に初版を出版した。出版にあたり、諭吉が『蘭学事始』と題し、また、明治二十三年（一八九〇）の『蘭学事始』の再版に寄せた序文では、蘭学草創期の先人の苦闘に涙したと記している。

諭吉は長与専斎に紹介された北里柴三郎を支援している。北里はドイツでコッホに師事し大きな業績を上げたが、ドイツ滞在中に脚気の原因を細菌とする東大教授緒方正規を批判し、母校東大医学部と対立し日本での活躍の場がなかった。そこで、諭吉は北里のために芝公園内の所有地を提供し、森村市左衛門《もりむらいちざえもん》（森村財閥当主、現在のノリタケカンパニー・日本碍子等）とともに私財を投じて、大日本私立衛生会付属伝染病研究所をつくり所長に迎えた。大正三年（一九一四）に文部省に移管され、東京大学に合併される時に北里らは辞任している（同研究所は現在の東京大学医科学研究所となっている）。

北里は同年、新たに私費を投じて私立北里研究所をつくり、同研究所は現在、北里大学の母体である学校法人北里研究所となっている。また、諭吉と北里は日本初の結核サナトリウムである土筆《つくし》ヶ丘養生園をつくり、現在の北里研究所病院は同園を起源とする。

北里は諭吉への深い恩義を感じ、諭吉没後もその遺志を受け継ぎ、大正六年（一九一七）に慶應義塾大学医学科予科を開設し学部長となった。大正九年（一九二〇）には大学令により医学部となり大学病院を開設し北里が院長に就任している。

時事新報と明六社

諭吉の三大事業は、学塾の慶應義塾、社交クラブの交詢社、ジャーナリズムの時事新報とされる。諭吉は政党色をなくし「独立不羈」と「国権皇張」を掲げ、「専ら近時の文明を記して、この文明に進む所以の方略事項を論じ、日新の風潮に後れずして、これを世上に報道せんとす」と『時事新報』という紙名の由来を説いている。「政も語るべし、学事も論ずべし、工業商売に道徳経済に、およそ人間社会の安寧を助けて幸福を進むべき件々はこれを紙に配して漏らすなきを勉むべし」と広く文明開化と社会への貢献を謳い、明治十五年（一八八二）に創刊した。大正中期までは東京五大新聞の一画を占めていた。

その後、関東大震災の被災や諸新聞との競争で業績が悪化し、昭和十一年（一九三六）にその歴史を閉じた。後に復刊されたものの長く続かず、株式会社として存在している時事新報社は現在、産経新聞社が法人管理をしている。

諭吉が関わったもう一つのジャーナリズムが、明六社の『明六雑誌』である。本誌は薩摩藩士で造士館で学び欧米留学から帰国した森有礼《もりありのり》（初代文部大臣等）が中心になり、日本の教育のため同志が集会して異見を公刊し知を広め識を明らかにするという目的で設立した明六社の雑誌で、諭吉も参加した。政府の言論統制の動きと、森らが官吏であったこともあり、一年半ほどで、諭吉の出版停止の議案により可決終了した。四十三号、一五六論説で終わったが、近代日本の総合学術誌、学会誌の先駆けと評され、文明開化に大きな影響を及ぼした。執筆者について特筆されることは、執筆者十六人のうち柏原孝章《かしわばらたかあき》、杉亭二、福沢諭吉、箕作秋坪と適塾出身者が四名で、加藤弘之《かとうひろゆき》（後に帝国大学総長等）、津田真道《つだまみち》、西村茂樹《にしむらしげき》の三名が佐久間象山に学んでいることである。

土宜法竜と南方熊楠

諭吉の宗教観は『福翁自伝』で、「幼少の時から神様が怖いだの仏様が難有いだのいうことは一寸ともない、卜筮呪詛一切不信仰で、狐狸が付く《ママ》というようなことは初めから馬鹿にして少しも信じない。子供ながらも精神は誠にカラリとしたものでした」と言い、宗教について「一身の私徳に関係するのみ」（『文明論之概略』巻之六）と述べ、信仰があるわけでもなく、宗教を論じることもなかった。しかしながら、門下には意外に多数の僧侶がいる。その中で傑出している人物の一人が真言高野派管長、真言宗各派連合総裁、高野山大学総理等を務めた土宜法竜《ときほうりゅう》である。土宜法竜は、ロンドンで南方熊楠《みなかたくまぐす》と出会い、以降、書簡の往復を頻繁に行った。熊楠の「南方マンダラ」として知られる図は土宜宛の書簡に初めて描かれた。諭吉から土宜宛の書簡も二通ある。熊楠は諭吉を評価していたようで、「小生は、故福沢先生に銀座通りでちょっと目に掛かりたるのみ、対談せしことなければ、その実相を知るに由なし。先生みずからも称せしごとく、近世これほど大俗な人はなく、詰まり世間のことはいい加減に遣って渡れという主張なりしと思う。しかし、そはほんの一時の世弊を矯《た》めんとての奇言と見え、その勝伯や榎本子を抑え、秀吉が自分のために旧主の孤子《みなしご》を裏切り殺せし逆臣を賞せず、反って処刑せしを掲げたるなどを見れば、この人心底から名節を軽視せざりしを知るに足れり」(『南方熊楠全集』六)と述べている。

諭吉は『瘦我慢の説』で勝海舟と榎本武揚を批判した。一方、大鳥圭介については言及せず、適塾同窓であるからだろうか、むしろ好んでいたようである(親戚でもあり、諭吉も圭介の助命嘆願に動いている)。

福沢諭吉の事績はなお多くにわたり、日本の近代化に思想、教育、経済、実業の分野で果たした役割ははかり得ない。また、その解釈はなおも待たれている。その原点は、漢学であり、適塾であり、欧米での知見にある。多くの適塾生の中で適塾を最も詳しく書き残したのが諭吉である。

戒名を「大観院独立自尊居士」という。

▼四▲長与専斎——日本における「衛生」概念の普及——

長崎医学伝習所

長与専斎は肥前大村藩の漢方医の家系に生まれた。すでにふれているように専斎の自伝に『松香私志』がある。

祖父の俊達《しゅんだつ》がすぐれて和漢の書に詳しく、藩校五教館《ごこうかん》の学監も務めていた。俊達は漢方医の限界を知り、『解体新書』に出会い蘭方医に転じた。養子の娘婿、専斎の父である中庵も蘭方医学を学び、痘瘡の流行に対してモーニケ苗の情報がもたらされ、専斎の妹らに長崎で種痘を行い、成功し、大村藩でも普及させた。

専斎は父を幼少時に亡くし、祖父俊達に育てられた。五教館で学び、嘉永七年（一八五四）六月に適塾に入門した。先輩に四歳年上の福沢諭吉がいた。安政五年（一八五八）には諭吉の後を継いで塾頭になった。適塾では蘭方医学というよりも、オランダ語のさまざまな原書を読んだ。洪庵に江戸で本格的に蘭方医学を学びたいと相談すると、それでは日本流の蘭方治療を学ぶにすぎず、ちょうど長崎にポンペが来て松本良順もいるので長崎行きを勧められ、「これこそ我が蘭学一変の時節到来」と従った。万延元年（一八六〇、または文久元年一八六一との記述もある）一月に長崎の医学伝習所に入ったが、すでに洪庵の息子平三（惟準）も来ていた。専斎はポンペ、後任のボードイン、さらにマンスフェルトと、当時最高の西洋医学の師に学んだ。

松本良順の働きかけで、長崎には医学伝習所だけでなく、日本初の西洋式近代病院である養生所（後に精得館《せいとくかん》と改称）も設立された。幕末の動乱で良順は江戸へ去り、院務には池田賢斉らがあたった。長州からは青木周蔵らが来て、彼らの縁により木戸孝允や伊藤博文、野村靖らを知ることになる。伏見鳥羽の戦い後、幕府の医官はいなくなり、諸生の衆議で専斎が館長に就任した。マンスフェルトとともに教養部にあたる予科を設け、予科の理化学講師としてヘールツを招聘するなど学制を改革した。明治元年（一八六八）に精得館は長崎医学校となった（後に長崎医科大学、長崎大学医学部となる）。専斎は明治四年に出仕を命じられ文部小丞となり、岩倉遣米使節団に加わり、大久保利通や木戸孝允に重用されて米国と欧州を視察し医学教育や衛生制度について研究した。

衛生制度の構築

明治六年（一八七三）に帰国後、専斎は文部省医務局長となり、翌年には東京医学校校長を命じられ、翌明治八年（一八七五）には内務省の衛生局長になった。

専斎はそれまで、サニタリーやヘルスあるいはドイツ語のゲズントハイツプレーゲ等の原語に対して健康や保険などの文字を用いていたが、ふと『荘子』に衛生という言葉があるのを思い出し、「字面高雅にして呼声もあしからずとて」、これを保険保護の事務に適用した。局名も医務局から衛生局に改称し、以降、衛生の字が広く行き渡り、専斎も思いがけぬ幸いと満足した。

この間、漢方医の抵抗を排して医術開業試験をはじめとする医制を定めた。牛痘種継所を設立し、オランダから牛痘接種の器具を導入して国内最新の接種技術を確立した。また、薬物の効能試験と改良のための司薬場（後の衛生試験所）を設立している。また、品川弥次郎に相談して製薬会社も設立した。法的には日本薬局方を制定し、品質がよく輸入品よりも廉価な薬品を製造し、医薬分業を図った。社会的には、大日本私立衛生会を創立して衛生思想の普及にあたった。

後藤新平を世に出したのも専斎であった。まだ愛知県病院長兼愛知医学校長であった後藤新平は、衛生行政に関する建議書を内務省に提出した。専斎はこの建議書に感服し、新平に内務省衛生局出仕を勧誘した。新平は周囲の留任運動を振り切り、明治十六年（一八八三）一月に内務省御用掛となった。内務卿は山田顕義で、衛生局長が専斎である。新平は長与局長の懐刀と呼ばれるようになり、後に後任の衛生局長の要職に就いている。新平は在官のまま私費でドイツ・ベルリンに留学し、すでに北里柴三郎が来ていたコッホの伝染病研究所に入った。

なお、北里の留学延長の希望に対し、専斎は山田顕義を動かして、留学延長と留学費用の工面を認めさせた。宮中からお手元金の下賜を受けて留学延長を実現したことにより、その後北里は大きな業績をあげたのである。

大日本私立衛生会は衛生の普及に政府の働きかけだけでは民衆に理解されないとして、いわば官民協働で衛生事業を推進する団体として設立された。初代会頭に適塾同門の佐野常民が就任、副会頭に専斎、幹事に新平や高木兼寛《たかぎかねひろ》（海軍軍医総監、東京慈恵会医科大学を創設）ら十人が選ばれている。二代目会頭が山田顕義、第三代会頭が農商務大臣や国学院大学長等を務めた土方久元で、専斎がこれを継ぐ。

専斎はコレラ流行に対し、神田下水道工事や東京市水道改良に着手している。東京医学校は東京大学医学部となった。その責任者は綜理として大きな権限を与えられたが、医学校校長であった専斎はその席を、西洋医学所で緒方洪庵に師事し長崎遊学の後ベルリン大学で学び帰国した池田謙斎に譲り、自らは副綜理となった。

専斎は生涯を通じて学位も爵位も得ることはなかった。新平や北里らを育て支援し、医療行政の官僚として、医療制度の構築と衛生の普及に大きな貢献を果たしたのである。

専斎と諭吉

このような専斎が適塾以来その親交を一生にわたり深くしたのが、福沢諭吉であった。

専斎が還暦を迎えた直後の明治三十一年（一八九八）九月に諭吉は長い祝文を書いたが、そこには次のような一文がある。

君は医家に生まれて医を学び、医を事とすといえども、直に患者を医するの医に非ずして、日本国の医を医するの医なり。君の医業大なりと云う可し（『福沢諭吉伝』第二巻）。

専斎の諭吉に対する追悼文には、「ああ、旧友福沢先生逝けり。国家の不幸此より大なるはなし。先生気宇の大、才識の偉、精魄《せいはく》の雄、志望の高き、まことに一世の宗師たり。……予やかつて先生と共に緒方洪庵先生の塾に同窓たるのよしみあり。爾来《じらい》四十有余年間、恒に誘掖《ゆうやく》（力を貸して導くこと）切磋《せっさ》の恩を荷い、友情歳月と共に殷《いん》（活気がある様）なり。予ひとり天下の為に哭せず、亦求めて得難きの旧友を喪いたるを悲しまずんば非ず」（同前第四巻）とあり、適塾以来の強い絆を語っている。

▼五▲ 高松凌雲――敵をも治療した名医の仁術

パリのオテル・デュウ

高松凌雲は天保七年（一八三六）に筑後国御原郡古飯村《ふるえ》（福岡県小郡市）の庄屋に生まれた。農耕に従事し、久留米藩家老の家臣の養子となり、武術と漢書を学んだ。三歳上の次兄が医師を志し江戸で学んでいたので、それにならい、安政六年（一八五九）に養家を出奔し、大阪の漢方医のもとに赴いた。しかし、保証人がいないという理由で断られ、江戸へ向かい兄を頼った。江戸で学んだ後、文久元年（一八六一）、適塾に入門、たちまち頭角をあらわしオランダ語を自由に読み書きし、西洋医学の知識も身に付けた。

翌年、洪庵が幕府に召されて江戸へ赴くと、凌雲も師を追うように江戸へ向かった。江戸にいる兄は英語を学んで英学所教授方助にまでなっており、凌雲は兄の勧めで英学所の学生となった。

その後、凌雲は第二次長州征討の将軍随行と供に京都に行き、一橋家の表医師として招かれた。まもなくパリ万国博に赴く将軍弟の徳川昭武の随行員に選ばれた。渋沢栄一らも参加している。

慶応三年（一八六七）一月、一行は横浜を発った。およそ五十日をかけフランスに着き、スイス、オランダ、ベルギーを訪問し、いったんフランスに戻ってさらにイタリア、イギリスを訪問した。オランダでは、伊東玄伯、緒方惟準ら日本からの留学生らが迎えた。パリ万博には幕府のほか、薩摩藩と佐賀藩が出展しており、佐賀藩の派遣代表は佐野常民であった。

凌雲はパリのオテル・デュウ（HOTEL DIEU）という医学校を兼ねた病院へ入学した。DIEUとはフランス語で神を意味し、オテル・デュウは神の館あるいは宿または家と訳され、パリ市民病院のことをいう。オテル・デュウは世界の近代病院の祖と言われ、治療だけでなく、医学研究と教育にも高い評価を得ていた。凌雲はここで当時最先端の医学を学び、また医学は神聖なものであると知るが、とくに驚き感銘したのが、貧民には無料で治療にあたることであった。「人民共立の貧民病院」（『同愛社五十年史』）と述べている。

やがて、日本は大政奉還と伏見鳥羽の戦いとなり、徳川幕府は倒れる。凌雲は二年ほどのあわただしい勉強で切り上げ、最新のさまざまな医療器具を購入し、帰国した。そして、自分を取り立て留学させてくれた徳川家と幕府に恩義を感じ、榎本らと合流し箱館へ向かうのである。

箱館病院

箱館戦争では、榎本武揚の依頼に対し、凌雲は全権委任を条件に箱館病院の院長を引き受けた。欧州で知った赤十字の精神（「欧州各国に於ても負傷して戦闘力なき者は、彼我の別なく、互に治療を施すの法あり」『高松凌雲翁経歴談』）を日本で初めて実践し、敵味方区別なくその治療にあたり、迫る官軍に対して、身を挺して疾病兵を守り抜いた。日本初の洋式の野戦病院と言われる箱館病院は官軍の大病院よりもはるかに施設が充実し、洋薬を用いていた。患者の銃・金創は三割弱に過ぎず、多くは病者であった。また、凌雲の医療行為を評価して病院保護を約束し、食糧・医薬品の提供を惜しまなかった薩軍士官もいた（箱館病院の別院の高龍寺では疾病兵が虐殺されている）。

その後、凌雲は官軍と協議し、榎本に降伏を勧告するという重要な役割も果たしている。戦争後は明治政府にその人格と高い医療技術を評価され出仕を求められるも断り、一医者として市井の人々の治療に携わった。

そして、西南戦争が起こる。佐野常民が赤十字にならい博愛社を設立したが、組織体制が整わなかった。凌雲は助力を請われたが、陸軍の管轄下とあって断らざるを得なかった。戦争が激化するにつれ、習志野で軍事訓練を積んだとはいえ、病人、けが人が続出した。それに対して軍医部の未熟な医師では十分な治療はなされなかった。凌雲は、月俸は望みのとおりとまで懇願され断り切れず和泉橋の元大病院に出向いたが、みれば東京の政府の病院とはいえ箱館病院よりも状況は劣悪であった。凌雲は、「月俸を望むものではなく、医者が病人を治療するのは当たり前であり、この患者を普通の病人とみなし、それに相当する薬代を払ってもらえれば、毎日午後に診察しましょう」と答え、翌日より往診した。やがて、西南戦争が終わり、凌雲は自身の医院での治療に戻った。

同愛社

明治十年(一八七七)十一月に、下谷上野桜木町一番地に新たに病院を新築し「鶯渓《おうけい》医院」とした。凌雲の医師としての評判は高く、患者が門前市をなした。治療のほか、医学の研究と後進の教育にもあたった。内科やコレラに関する訳著書も執筆した。貧民には無料で治療したが、凌雲一人では限界があった。そのような中で東京医会会長と浅草支部長を務めることとなり、また、内務省からは東京地方衛生会会員を命じられた。そこで凌雲は貧民の医療について諮り、会員たちに働きかけ、多くの医師の賛同を得て明治十二年(一八七九)に同愛社を設立した。同愛社の社員には政界や経済界をはじめとする有力者が名前を連ね、寄付金も集まって、事業は軌道に乗った。明治天皇も同愛社の事業を称え、寄付金を下賜した。

日本で初めての民間福祉救護団体と言われ、社会福祉医療を担った同愛社は、昭和二十年(一九四五)まで続き、診察を受けた貧民は七十万人から百万人とも言われる。

明治四十五年(一九一二)四月に凌雲の喜寿の祝いに徳川慶喜が揮毫したのは「至誠一貫」であっ

た。「医は仁術」と唱え、「道のため、人のため」と説いた緒方洪庵の、まさに申し子であった。吉村昭が『夜明けの雷鳴　医師高松凌雲』で凌雲の事績を詳しく躍々と描いている。

▼六▲ 佐野常民――日本赤十字社の創始者――

科学技術者として

赤十字精神を日本で最初に実践したのは高松凌雲であったが、日本赤十字社を創始したのはやはり適塾門下の佐野常民である。

常民は文政五年（一八二二）十二月二十八日、肥前国佐賀郡早津江村《はやつえ》（現佐賀県佐賀市川副町大字早津江）の藩士の五男に生まれ幼名を鱗三郎といい、親戚の藩医で外科医の佐野家の養子となった。その後前藩主斉直《なりなお》から栄寿《えいじゅ》という名を賜っている。藩主斉正《なりまさ》は隠居後の慶応四年（一八六八）に直正《なおまさ》と改名し、号を閑叟《かんそう》という。すでにふれた藩政改革と藩校弘道館の拡充を行い、蘭癖大名と呼ばれるまで蘭学に熱心で、佐賀藩の西洋軍隊を育成し、幕末の名君とも評される。常民は弘道館で学び、養父が斉直に従って江戸へ赴いたので、江戸の佐賀出身の古賀侗庵《どうあん》（名儒者古賀精里《せいり》の子で同じく名儒で幕府儒官を務め西洋事情や海防問題にも関心を持ち『海防憶測《かいぼうおくそく》』という著書もある）に学んだ。斉直の死去によって養父が帰国するに伴い、佐賀で再び弘道館で学ぶほか、親戚の外科医でも修業した。直正の命で京都の蘭学塾で学び、嘉永元年（一八四八）秋に適塾に入門した。その二年前に大村益次郎が入門しており、常民入門の翌年に塾頭になっている。紀州の花岡青洲の春林軒塾で華岡流外科の指導も受け、さらに、江戸の伊東玄朴の象先堂でも学んだ。嘉永四年（一八五一）に長崎への転学を命じられ、長崎で家塾も開いた。長崎に向かう途中、京都に立ち寄り、からくり儀右衛門《ぎえもん》と呼ばれた田中久重《たなかひさしげ》ら優秀な技術者たちを佐賀藩に招いた。常民は佐賀藩精煉方《せいれんかた》の主任となり、田中らの知識・技術と蘭書の情報に基づいて化学の実験や蒸気機関などの製造を行っている。なお、後に田中久重は七十五歳で東京に東芝の源流となる田中製造所（芝浦製作所）をつくり、電信機を完成させ、東洋のエジソンとも評される。

長崎に海軍伝習所が開設されると常民も予備伝習に加わった。勝海舟が著した『海軍歴史』に佐賀藩の優秀さとともに常民の頭領としての周旋ぶりも記されている。常民はその後日本一の威容を誇る佐賀藩海軍の誕生に大きく貢献した。日本近代の「陸軍の大村益次郎、海軍の佐野常民」とも称えられる。

常民はパリ万国博に向け、慶応三年（一八六七）三月八日、長崎で英国船に乗り込んだ。その船にはアメリカへ留学する花房義質《はなふさよしもと》も乗船した。花房は万延元年（一八六〇）に適塾に入門した備前藩士で常民の一回り後輩となる。花房はその後、初代朝鮮公使や在露特命全権公使等を務め、常民を助け日赤の第三代社長に就任する。

日本赤十字社の設立

常民はパリ万博の会場で赤十字の展示館を見て、その四年前の一八六三年に創設されたばかりの赤十字を知る。同行の幕府随員であった渋沢栄一の『航西日記』にも「創傷人を治療する病院」とある。高松凌雲も見学したものと思われる。

常民は帰国後、明治政府の兵部省や工部省に出仕する。工部省では船舶の航行に詳しかったことから灯台事業に携わる。明治六年（一八七三）のウィーン万国博には責任者として同地に赴いた（博覧会事務総裁は大隈重信、副総裁が常民）。常民によるウィーン万国博覧会報告書は十六部にわたってヨーロッパの諸制度を広く解釈し、これらは近代日本の建設に活かされていく。最も感銘を受けたのが、パリ万博で出会った赤十字の広がりであった。後年、次の有名な文言を残す。

当時余ハ以為《すべから》ク文明ト云ヒ開化ト云ヘハ、人皆直ニ法律ノ完備、若《もし》クハ器械ノ精良等ヲ以テ之ヲ証憑《しょうひょう》ト為スト雖《いえど》モ、余ハ独《ひとり》該社ノ此ノ如ク忽《たちま》チ盛大ニ至リシヲ以テ、之カ証憑トナサントス。

常民は明治十三年（一八八〇）には大隈重信の後を継いで大蔵卿に就任し、明治十八年（一八八五）には宮中顧問官になるなど、明治政府の中枢で活躍した。明治十年（一八七七）二月に勃発した西南戦争で、常民に新たな使命がもたらされた。赤十字の精神に基づき、敵味方の区別なく負傷者を救護する博愛社の設立である。当初、薩摩軍というわば賊軍をも助けるという点が理解されず設立が認められなかったが、度重なる懸命の働きかけで、同年五月に征討総督有栖川宮から、八月には政府から設立が許可された。当初から赤十字と称さなかったのはジュネーブ条約に加入していなかったからである。博愛社設立が許可された記念となる政府軍本営は熊本の古城《ふるしろ》で、北里柴三郎らも学んだ医学校と洋学校からなる熊本洋学校であった。常民らは直ちに救護活動を開始した。

同年十二月に総長東伏見宮臨席のもとで第一回社員総会が開かれ、翌年には副総長に元老院議官で常民と活動をともにしてきた大給恒《おぎゅうゆずる》、幹事に花房義質らがなった。この博愛社設立とその後のジュネーブ条約加入手続きに関して、幕末にオランダ商館医として来日し蘭医学を指導したシーボルトの長男アレキサンダー（シーボルト再来日時に帯同）が協力している。この協力の甲斐あって、明治一九年（一八八六）六月にジュネーブ条約に加入が認められた。同年十月には麹町区飯田橋四丁目（現千代田区飯田橋三丁目）に陸軍省用地を借り受け博愛社の新事務所が開設され、十一月には看護婦養成のための病院も建てられた。初代病院長には、橋本左内の末弟で適塾門下の橋本常綱が就任した。常綱は陸軍軍医総監で東京大学教授も兼ねていた。翌明治二十年（一八八七）三月に社名を日本赤十字社と改称し、五月に常民は日本赤十字社初代社長に就任した。日本赤十字社は同年九月に国際赤十字への加盟が認められた。

同年十月二十六日は一八六三年に赤十字が誕生してから二十五周年にあたり、万国赤十字社創立二十五周年紀祝典が上野公園華族会館で開かれ常民はその祝辞の中で、赤十字事業は「文明史上ニ特筆大書スヘキ一偉業」と述べている。日本赤十字社病院は御料地の貸し下げで明治二十四年（一八九一）五月に現在地（東京都渋谷区広尾）に新築移転している。

常民は日本の伝統美術と工芸の振興にも尽力し、明治十二年に竜池会《りゅうちかい》（明治二十年に日本美術協会に改称）を設立し会頭に選ばれている。すでにふれた明治十六年（一八八三）に発足した大日本私立衛生会の初代会頭も務めている。

また、長崎海軍伝習所で伊能忠敬《いのうただたか》の全国の測量図（伊能図）を見てその精細さに驚き、明治十五年（一八八二）に東京地学協会で「故伊能忠敬翁事績」と題して講演して以来、伊能忠敬の顕彰に尽力している。明治に入り忘れられていた伊能忠敬を世に出したのも常民であった。

明治三十五年（一九〇二）十二月七日、麹町区三年町（現東京都千代田区永田町一丁目）の自宅で永眠の床につく。日本赤十字社は十二月十二日に社葬を行い、日本美術協会は青山墓地（現青山霊園）の墓所に石灯籠一対を寄贈した。

▼七▲武田斐三郎——東洋のレオナルド・ダ・ヴィンチ——

佐久間象山らに学ぶ

勝海舟が、「わが国科学技術の先駆者として万能の逸材であった」とその死去に際し評したのは、武田斐三郎のことである。

武田斐三郎は伊予国大洲藩（現愛媛県大洲市）の藩士の次男に生まれ、藩校の明倫堂に通い、母親の実家で漢方医学を学び、弘化五年（嘉永元年、一八四八）に適塾に入門する。同年の塾頭は久坂玄瑞の兄の久坂玄機で、渡辺卯三郎や佐野常民らが入門していたほか、すでに大村益次郎もいた。斐三郎は西洋兵学に関心を持ったが、適塾にはこの分野の原書が少なく、洪庵の紹介で江戸の伊東玄朴の象先堂に移り、さらに佐久間象山や箕作阮甫に学んだ。

嘉永六年（一八五三）六月のペリー来航時には象山に連れられて浦賀へ出かけ、黒船を見て『三浦見聞記』を著している。吉田松陰も象山に同行しているので、斐三郎と松陰は一緒であった可能性がある。象山、松陰、それに洪庵の適塾門下の斐三郎が一堂に会しているとすれば、幕末私塾の系譜と維新動乱の人材の交わりを知る上で特記すべきことであろう。

ペリーは翌安政元年（一八五四）一月に再来航し、三月に日米和親条約が調印され、翌年の下田と箱館の開港が決まった。ペリーは開港に先立つ調査として箱館に向かい、四月十五日（函館市史、五月十七日ともある）に入港した。この時、箱館を治めていた松前藩では応接できず、幕府から派遣された一人が武田斐三郎で、ペリーらと会見した。斐三郎は嘉永六年（一八五三）七月にロシア使節プチャーチンが長崎に来航した際にも、箕作阮甫に従い交渉に参加している。

箱館はその後、幕府直轄地となり奉行が置かれることとなる。斐三郎は箱館詰を命じられ、器械製造と弾薬製造の御用取扱となり、入港する外国船について艦船の製造や砲台の築造などを学んだ。

東洋のレオナルド・ダ・ヴィンチ

安政三年（一八五六）、箱館奉行は西洋諸学術の研究と教育普及の目的で諸術調所を創設し、教授には斐三郎が登用された。斐三郎は「蘭学の儀は当時有数比類なく、且《かつ》漢学にも長じ、志気慷慨《こうがい》、天稟《てんぴん》（生まれつきの才能）非常の才器」と評された。斐三郎は開所前に教授法について「学生之義は原書生、訳書生との両部に分ち、原書生は文典、航海書、算法書等順次を逐《おう》て教授仕《つかまつ》り、訳書生へは各々訳書上にも講習致し、何れも毎月六度宛相試み、其《その》熟不熟又は勤怠に応じ月旦評《げったんひょう》相定む可くと存じ奉り候」と述べているが、月に六回の試験など適塾の教授法を思わせる。諸術調所では蘭学はもとより航海、測量、砲術、築城、造船、舎密《せいみ》、器械等について学ばれた。幕吏・藩士を問わず入学を許し、公私貴賤の区別なく人物本位の教育を行ったので、本州各地から学生が集まった。斐三郎に師事した著名な人物としては、郵便制度を創始し郵便の父と呼ばれる前島密《まえじまひそか》、工部卿等を務め東京大学工学部となる工学寮を設立した山尾庸三《やまおようぞう》（松下村塾生と交わり伊藤博文や井上馨らと藩命でイギリスへ密留学したいわゆる長州ファイブの一人）、鉄道制度を創設し鉄道の父と呼ばれる井上勝《いのうえまさる》（同じく長州ファイブの一人）、航海術にすぐれ政府の多くの重要な船の船長を務め農商務省御用掛等となった蛯子末次郎《えびこすえじろう》らがいる。

　斐三郎は教授にあたるだけでなく、アメリカの貿易事務官から英語も学び、諸術調所の蔵書には英書も多く、フランス語も学ばれた。座学にとどまらず、航海も実践した。安政六年（一八五九）には奉行から預けられた西洋式帆船の箱館丸で門下生を率いて七ヵ月にわたり、日本沿海測量の名目で、佐渡、隠岐、下関、瀬戸内を経て宮古で後述の大島高任による溶鉱炉を見学し、翌万延元年（一八六〇）に箱館に戻った。前島密も乗船している。翌文久元年（一八六一）には、箱館丸とは姉妹船の亀田丸で、航海演習のためロシア領ニコライエフスクに至り、港湾や要害を視察し、貨物を交換し、機械修理工場や海軍病院を見学するなどして、途中黒竜江沿海の測量も行っている。この時の航海士、測量方が、蛯子末次郎であった。

ペリーに続き、フランス艦隊も来航した。応接にあたった斐三郎が見たのが星形の城塞の図面であり、この図面の写しで西洋式城郭の「亀田御役所土塁」建設事業がはじまった。この城郭と弁天岬台場の設計をしたのが斐三郎である。この西洋城郭は五稜星形という形から五稜郭と呼ばれるようになる。

斐三郎は蘭書を頼りに、箱館東部沿岸の砂鉄をもって大規模な製鉄事業に着手し、溶鉱炉もつくった。適塾同窓の大島高任も来箱し、斐三郎とともに箱館近辺の警備や石炭山の探鉱をする。洋式製鉄は高任よりも斐三郎の方が早く行うが、溶鉱炉の操業は難航して暴風雨で大破し廃棄されている。

元治元年（一八六四）、五稜郭の完成を見ることなく、斐三郎は江戸の開成所の教授として転出となり、箱館を去った。その後、五稜郭は榎本武揚や適塾同門の大鳥圭介らが立て籠もる箱館戦争の舞台となる。

戊辰戦争では幕府軍が砲術の第一人者である斐三郎の奮起を促すも動かず、憤慨した伝習隊に自宅が襲われることとなる。幕府に御役御免を願い出し、恩師佐久間象山の松代藩にかくまわれた。ほどなく松代藩主真田幸教に招聘され、藩政改革を指導し松代士官学校の教授となる。

明治維新後は、新政府に出仕し、陸軍士官学校を開校させ、日本軍の近代兵制の確立や科学技術の指導にあたった。明治八年（一八七五）、元アメリカ大統領グラント（南北戦争の北軍将軍）

が陸軍士官学校での斐三郎の授業を参観し、世界に著名な兵学校といえ、その盛んな様はこの先生によるものと称賛した（東洋にウエスト・ポイントに劣らぬ学校ありとも言われる）。

なお、rightは一般的には福沢諭吉が「権利通義」「権義」と訳し、西周の「権利」に至ったとされるが、諭吉の「通義」（『西洋事情二編例言』明治二年〔一八六九〕）、「権利通義」「権義」（『学問のすゝめ』三編、明治四年〔一八七一〕）に先んじて、斐三郎は安政四年（一八五七）に「権」の訳語を当てていると言われる（『函館英学』）。

箱館、そして、江戸、東京、あるいは松代で明治時代に科学や技術の分野を中心に活躍する人物を育て、多才多能で知られる武田斐三郎は、東洋のレオナルド・ダ・ヴィンチとも評される。その原点は適塾であり、斐三郎を象山や玄朴のもとへ快く送った洪庵にある。

▼八▲ 大島高任——日本の近代製鉄業の父

近代製鉄の父

新日鐵住金のホームページに、「近代製鉄の父・大島高任」が紹介されている。大島高任《おおしまたかとう》は文政九年（一八二六）、南部盛岡藩の侍医の家に生まれ、江戸で箕作阮甫や坪井信道に蘭方医学を、長崎で西洋兵学・砲術・冶金術等を学び、嘉永二年（一八四九）に適塾に入門した。塾頭は一歳年上の大村益次郎である。その後、水戸藩に招かれ、反射炉を築造し、大砲製造に成功した。しかし、当時は砂鉄銑を原料とし性能のすぐれた洋式大砲に比べ強度が不足していた。

そこで、故郷の盛岡藩の鉄鉱石に目をつけ、南部藩大橋（現在の釜石市）に洋式高炉を建設し、安政四年（一八五七）十二月一日に鉄鉱石製錬による連続出銑操業を成功させ、本格的な銑鉄の生産を開始する。この高炉がやがて新日本製鉄（現在の新日鐵住金）釜石製鉄所へと発展する。

盛岡藩では蘭学、英語、医学、物理、化学、砲術等を学ぶ本格的な洋学校の「日新堂」を創設している。

維新後は日本各地で鉱山の開発に携わり、工学寮（後の東京大学工学部）の新設を提言し関わった。西洋種苗によるワインの国産醸造販売の先駆となるなど、その活躍は多方面にわたった。

明治二十三年（一八九〇）には日本鉱業会の初代会長に就任し、まさに日本近代の製鉄業の父と評され、「鉄は国家なり」を実践し、人を育てた。

▼九▲ 杉亨二——日本統計学の創始と普及

日本統計学の祖

日本統計学の祖として称えられるのが杉亨二《すぎこうじ》であり、総務省統計局のホームページにもその事績が掲載されている。文政十一年（一八二八年）、長崎に生まれた亨二は十歳で孤児になり、時計師の住込奉公や大村藩医の書生を経て、二十二歳の時に適塾に入門する。しかし、病気のため三ヵ月で帰郷した。翌年病が癒えた後、江戸に出て杉田成卿《すぎたせいけい》に蘭学を学ぶ。嘉永六年（一八五三）、勝海舟と知り合い、その私塾の塾長になり、海舟の推挙で老中の阿部正弘に仕える。万延元年（一八六〇）には番所調所教授手代となり、元治元年（一八六四）に開成所教授になる。

蘭書の翻訳に携わる中で、「スタチスチック」を知り、統計を志すようになる。明治維新後は静岡藩に仕え、明治四年（一八七一）に太政官正院政表課大主記（現在の総務省統計局長）を命じられ、日本初の総合統計書となる「日本政表」の編成を行う。統計学研究のための組織である表記学社や製表社（後の東京統計協会）を設立し、有志とともに共立統計学校を設立し、自ら教授長に就任した。このように統計専門家や統計学者の育成に注力する一方、現在の国勢調査にあたる全国の総人口の現在調査（当時は現在人別調と称した）を計画し、その調査方法や問題点を把握するため、明治十二年（一八七九）に日本における国政調査の先駆となる「甲斐国現在人別調《かいのくにげんざいにんべつしらべ》」を実施した。明治十八年（一八八五）に統計院大書記官を最後に官職を辞し、以後は民間にあって統計の普及に努めた。明治四十三年（一九一〇）頃からほとんど視力を失ったにもかかわらず、統計への情熱は消えず、国勢調査準備委員会委員として長年の夢であった国勢調査の実現に尽力したが、第一回の国勢調査が行われるのを見ることなく、大正六年（一九一七）に病没した。享年九十歳。第一回の国勢調査は死後三年経った大正九年（一九二〇）であった。

公的統計は統計法と総務省統計局でいうように「社会の情報基盤」であり、国民経済と国民生活の向上に大きな役割を果たし、民間でもその事業活動の成否・羅針盤の一つは統計やデータ分析に拠る。そのような意味で杉亨二の携わった事業は偉大である。

福沢諭吉は『文明論之概略』（巻の二第四章「一国人民の知徳を論ず」）で、次のように述べている。

故に天下の形勢は、一事一物に就《つい》て臆断すべきものにあらず。必ずしも広く事物の働を見て、一般の実跡に顕わるる所を察し、此《これ》と彼《かれ》とを比較するにあらざれば、真の情実を明《あきらか》にするに足らず。かくの如く広く実際に就いて詮索するの法を、西洋の語にてスタチスチクと名《なづ》く。この法は、人間の事業を察してその利害得失を明《あきらか》にするため欠くべからざるものにて、近来、西洋学者は専らこの法を用いて事物の探索に所得多しという。およそ土地人民の多少、物価賃銭の高低、婚する者、生《うま》るる者、病に罹《かか》る者、死する者等、一々その数を記《しる》して表を作り、此彼相《しひあい》比較《ひかく》するときは、世間の事情、これを探るに由なきものも、一目《いちもく》して瞭然たることあり。

諭吉は経済と実業の普及に努めたが、その諭吉がスタチスチクの重要性をこのように論じているのである。そして、その統計学を講究し、統計を具現化したのが適塾同門の杉亨二である。経済・実業と統計は不可分の関係であり、諭吉と亨二の共通点がうかがえるが、適塾同門の二人をより強く結んだのが、明六社・明六雑誌である。

明六社の唱える実学は諭吉のいう「サイアンスとしての実学」であり、明六社社員の津田真道、神田孝平、箕作麟祥、世良太一、杉亨二が科学としての実学に不可欠の方法として統計学を説き、日本近代統計を確立していったのが杉亨二だった。

明六雑誌執筆者十六人の執筆論説一五六本のうち、亨二は四位で十三本を執筆している。その題目は、ロシアのピョートル一世や北アメリカの自立論といった政治論のほか、「貨幣の効能」等いわば経済学に関するものもある。「人間公共の説」は四回にわたって執筆されている。

杉亨二が適塾で学んだ期間は短いが、蘭書・蘭学への目覚め、あるいは諭吉との縁、そして統計学の創始と普及という生涯は、やはり適塾に負うところが多いといえよう。

▼十▲橋本左内と福沢諭吉

橋本左内はその短い生涯で四百六十首近い漢詩を詠んでおり、適塾時代と思われるものが二十三首ある（前川正名「適塾時代の橋本左内——漢詩を手がかりとして」『適塾』三十五号）。その中に次の七言絶句がある（韻字は英、迎、清）。

雪中探梅、分韻得庚。緒方氏席上。
雪中の探梅、韻を分かちて庚を得たり。緒方氏の席上にて。

黄金是蕋白瓊英　黄金は是れ蕋《しべ》　白瓊《はくけい》は英
籬外輾焉似我迎　籬外《りがい》に輾《てん》し　我を迎ふるに似たり
薄暮適逢風雪霽　薄暮　適々　風に逢ひ雪はれたり
梢頭寒月不堪清　梢頭《こずえかしら》の寒月　清きに堪《た》へず

前川氏の通釈をふまえると、次のようになる。

雪の降っている中で梅見をした時、庚の字の韻を割り当てられ、緒方洪庵先生の家で作詩の会があった折、作る。

おしべとめしべはこがね色で、白い玉のような花びらの梅の花がまがきの外にあふれている。この梅の花は私を歓迎してくれているかのようである。夕方たまたま風が吹いて来て、雪が降りやんだ。梢の先に月がかかって、清らかさは言葉につくしようがない。

左内のこの七言絶句に対して、すでに紹介した福沢諭吉の「適々」を説いた書軸との関係が示唆されている（多田羅浩三「適塾と長与専斎」『適塾』三十九号、「適塾のこころ」『適塾』四十一号）。左内の七言絶句は、適塾の塾生の活発ではつらつとした姿を梅の花にたとえており、また空気が「風」となって、たまたま雪を払い、梅の木の梢頭に見える月が非常に美しいとあるが、その月は緒方洪庵を暗示しているに違いないという。諭吉の「適々」の書軸を再掲すると次のとおりである。

適々豈唯風月耳
渺茫塵界自天真
世情休説
不如意
無意人乃如意人

適々豈唯《あにただ》風月のみならんや
渺茫《びょうぼう》たる塵界《じんかい》自ら天真
世情説くを休《や》めよ
意の如くにならずと
無意の人は乃《すなわ》ち如意《にょい》の人

諭吉の詠むところは既述のとおり理解されるものの、筆者は前二句と後三句のつながり、あるいは「世情説くを休めよ」という一句の挿入に以前から違和感を抱いていた。

多田羅氏は、左内は適々は風や月だけであろうかと、適塾と洪庵を詠み、諭吉はそれを受けて、適々は適塾の塾生や緒方洪庵先生だけではなく無名な無数の人こそ「天真」「適々」なのだと詠ったに相違ないとする。

そして、唐突ともいえる「世情説くを休めよ」には、安政の大獄による左内の刑死に対する深い追悼の心が込められているという。

左内は諭吉の一歳上で、適塾では諭吉の五年ほど先輩にあたり、先に左内が塾を出て江戸でさらに蘭学を深めようと坪井信良や杉田成卿らに師事したので、同時期には適塾には在籍していないだろう。しかし塾の先輩で、越前藩医でありながら化学に熱心で藩主松平慶永の侍読兼御用掛となって藩政改革と幕政改革に奔走していた左内を、諭吉は尊敬していたと考えられる。

このような脈絡で二つの漢詩を読むと、諭吉と左内が深く結びついていることがうかがえ、筆者はそのような理解は十分成り立つものと得心する。

以上、適塾の有名な門人の内、大村益次郎、大鳥圭介、福沢諭吉、長与専斎、高松凌雲、佐野常民、武田斐三郎、大島高任、杉亨二らの略歴とその活躍、最後に諭吉と橋本左内の適々をめぐる漢詩の解釈を紹介した。

このほかに、イギリスへ密出国し民部省等の要職を経た後、イギリスの漫画週刊誌『パンチ』に倣った戯画入り風刺新聞『團團《まるまる》珍聞』を発行し、自由民権運動に共鳴した野村文夫、洪庵の信任厚く二人の息子を預けられ、金沢病院大乗寺分院（現在の加賀市民病院）を設立した渡辺卯三郎、手塚治虫の曽祖父でお玉が池種痘所設立に参加し、維新後は陸軍医官となった手塚良仙（良庵。『福翁自伝』の「遊女の置手紙」でからかわれた。大槻俊才は義弟にあたる）、さらには歴史上にその名は残さなくとも、病院の創立や地方で開業した人物も多い。適塾は医学、科学、技術等の分野を中心に活躍し、近代日本の叡智を築いた有名無名の開明家・テクノクラートを雲霞の如く輩出したのである。

いずれの門下生も緒方洪庵と適塾に学んだ「道の為、人の為」という理念と洋学に導かれ、日本近代国家を築き、また、後進を育てていった。洪庵を慕う心と塾生間の強いつながりが、その原点あるいは原動力になっているのである。

エピローグ

江戸後期の私塾と藩校の紹介から蘭学の系譜、緒方洪庵と適塾の概要、そして適塾門人の活躍まで話題と論点は多方面にわたってきたが、本書の道のりは終着にたどりつきつつある。洪庵と適塾に関する専門書・研究書の類書は多いので、さらなる詳細はそれらに譲り、ここではまとめとして、あらためて適塾の特色を俯瞰し、現代的な意義を考思する。

▼一▲ 適塾の特色

江戸時代、大阪は経済都市で町人の町であった。町人によって学問所である懐徳堂が創立され、町家の蘭学者が適塾の前史を織り成した。自由で合理的で、また、進取の気概も醸成されていた。司馬遼太郎が『菜の花の沖』で描いた江戸後期の海運王の高田屋嘉兵衛は淡路で生まれ、兵庫、大坂で修業後、江戸そして箱館・蝦夷地へと乗り出していった。

過書町に移転した適塾の北側は堂島と土佐堀川に挟まれた中之島界隈で、諸藩の蔵屋敷が立ち並び、近くの道修町には薬種商が多く、輸入薬や医療の情報がもたらされた。商都の、このような有利な立地条件を背景に大坂蘭学が生まれ育ち、適塾に結実した。

適塾の隆盛を決定づけたのは、塾を主宰する洪庵の人格と蘭学者・蘭方医としての実力である。教育者としてもすぐれ、会読に見られる塾頭以下塾生同士の切磋琢磨を促す指導方法、実力主義を基本とするその体制、そして自主性と主体性を重んじる自由闊達な塾風によって、数々の才能が大きく花開いた。特に寄宿していた内塾生は、全人的な交流によって相親しみ、またお互いに本音でぶつかり刺激し合った。

福沢諭吉が自分の「おっかさんのような人」と呼び、佐野常民がその墓碑銘に敬慕の情を記した八重夫人の存在も大きい。

適塾の姓名録には六百四十人ほどの署名があり、署名がない塾生合わせほとんど全国から千人以上が洪庵に学び、適塾は多くのすぐれた人材を輩出した。

洪庵の適塾は蘭語、英語、科学と技術という実学、そして西洋を範とした開明思想で、日本の近代化を先導したのである。

▼二▲適塾の現代的な意義

本文で紹介した小林秀雄の「昔を今になぞらえ、今を昔になぞらえ知る」論をふまえ、洪庵と適塾になぞらえて現代を知ることを試みる。

第一に、職業倫理としての他者への奉仕である。洪庵は「道のため、人のため」と説いた。ドイツ語で言うBERUF《ベルーフ》（天職）、職業とは、天から授けられた他者への奉仕という使命《ミッション》にほかならない。昨今の企業の社会的責任論でいう事業を通じた社会貢献であり、儲けは目的ではなく、その結果に過ぎない。

そして、このようなことを塾是また経営の理念に掲げ、浸透定着を図る継続的な努力が必要になる。洪庵は門人への手紙の結びで「道のため、人のため」とくりかえす。

第二に、このような理念を体現するリーダーの存在である。洪庵はマネジャーではなく、リーダーであった。ハーバード・ビジネススクールのジョセフ・L・バダラッコ教授の『THE GOOD STRUGGLE:Responsible Leadership in an Unforgiving World（よい、ひるまない苦労。容赦ない厳しい世界での責任あるリーダーシップ）』という書物がある。同書では、時代を超える質問として、「自分は現状を取り巻く環境を十分に把握しているか」、「自分の真の責任とは何か」、「いかにして重大な決断をくだすのか」、「核となる正しい価値観をもっているか」、「自分はなぜこの人生を選んだか」という六つの質問を投げかけている。本論考は、かつてのリーダーシップ論（もちろんマネジャー論ではない）ではなく、今まさに問われている現在のリーダーシップ論をテーマとしており、経営者のリーダーシップと責任について論じている。

この新たなリーダーシップ論の問いかけに、洪庵は時代を超えて答え、その行動で範を示している。洪庵はひるまないリーダーシップと責任感を兼ね備えていた。だからこそ、門人が正しく導かれていった。

第三が、蘭学から英学への引き継ぎである。日本が先ず取り入れた西洋の学問は、諭吉が涙したように苦労して創始した蘭学であった。その蘭学が世に広まりようやくその基礎が固まったころに、蘭学の大家は英学へ転じていった。自らの本分が頂点をきわめその役割を遂げたら、時代の要請に応え次の領域へ柔軟に進展を図ろうとする謙虚さとさらなる考究心が洪庵にはあった。愛弟子の諭吉がそれを具現化し、西洋学問に基づく文明開化を先導した。

第四が、実学である。この「実学」は諭吉の定義を採用してよいが、いわば理念ある実践というべきであろう。現代日本における実学とは、適塾門下生がさまざまに創始したいわばものづくりであり、そこには単に技術、実用性にとどまらないワザとそれを裏付ける気質がこめられている。そのような実学と経済こそ、日本がアジアはじめ世界にすぐれた先例を示すことができる分野といえる。諭吉の示唆のとおり、市場経済と金融資本主義の弊害と限界をふまえ、コモン・コースを指針に「人間最上の約束」「人間交際の至善」を全地球的に実現することが、日本の役割として考えられるのである。

第五は、和漢の基本の尊重である。洪庵は「文」は苦手といったが、和歌や詩文に通じ、蘭学に移った。漢家を憎んだ諭吉は、漢学を修め蘭学そして英学に転じたが、代表的な著書である『文明論之概略』では漢学に基づく東洋の文明・事績が丹念に記述されている。洪庵は二人の息子を信頼する門人の渡辺卯三郎に預け、まずは漢学を学ばせた。大鳥圭介は閑谷学校で学び、少なからぬ門人は漢学の教養を土台に洋学をものにしていった。

英語がグローバルとみなされ必須となりつつある現在、あらためて日本語と日本の思想を顧みる必要があろう。

第六が、コンテント・ベースの原語教育である。適塾は語学学校でもあったが、具体的な内容(蘭方医学と化学・技術)と蘭語の両方を同時に学んでいった。訳読法で教授したのであり、その際、洪庵は諭吉が言うように、字句に構わず、原書に拘泥せず、その趣旨を理解しようとし、その理解はきわめてすぐれたものであった。

第七が、縦割りを排した総合性である。適塾生の多くは医学を修め、そして、物理や化学を学び、佐野常民や武田斐三郎に見られるように、広く科学と技術で貢献した。福沢諭吉も医師ではなかったが医療に寄与し、思想・経済・実業（簿記まで導入している）の分野で啓蒙するなど、活躍は多方面にわたる。狭い専門分野にとらわれることなく、総合的な取組で日本の近代化を導いた。爛熟の時代を過ぎて文化的には行き詰まっていた江戸時代と同じく、多くの学問が閉塞的な状況にある現代では、総合的に学び社会をさまざまな角度からとらえていく必要があろう。これまでなかった出会いの中から、新たなものが生まれてくる時代なのである。そのために、より広い視野と教養、知識が求められている。

あとがき

現代の日本は困難な状況にあり、財政、経済、環境、社会等とその深刻さを増している。容易ではないその克服の方途はいかにすれば見出せるだろうか。ビスマルクの有名な言葉に「賢者は歴史に学び、愚者は経験に学ぶ」というのがある。小林秀雄もまた本居宣長の「昔を今になぞらえ、今を昔になぞらえ知る」方法に意義を見出しているが、本書もそのようなことを念頭に置きつつ、緒方洪庵と適塾を粗描してきた。一方、過去に根差した固定的な考えを捨て去ることもしなければならない。過去や歴史が参考にならないこともある。しかしその点についても、緒方洪庵と適塾は蘭学から英学へと柔軟に転回を遂げており、その姿勢を学ぶことにやはり意義がある。

本書では適塾だけではなく、江戸時代後期の学校である私塾と藩校を紹介した。また適塾生が他の塾で学ぶことやその逆もあったこと、各師と各塾生間で交流があったことも記した。そこには、学を究《きわ》め、社会をよくしていこうという意思が貫かれている。このような教育のあり方を支えているものは何なのか。古代まで遡って学校と教育を論じる紙数はないが、最後に適塾の時代の教育の姿を映し鏡に、現代の学校と教育の現状、そして課題にふれたい。

これまで教育のあり方はさまざまに論じられ、制度と施策も変遷している。現代日本においては教育基本法が教育の原則を定め、いわば教育の憲章となっている。

この教育基本法をふまえ、学校に関する具体的な事項を定めているのは学校教育法である。学校教育法では第一条に「この法律で、学校とは、幼稚園、小学校、中学校、高等学校、中等教育学校、特別支援学校、大学及び高等専門学校とする」とある。ここで規定されているものが一条校と呼ばれる。

また、第一二四条には「第一条に掲げるもの以外の教育施設で、職業若しくは実際生活に必要な能力を育成し、又は教養の向上を図ることを目的として次の各号に該当する組織的な教育を行うもの（当該教育を行うものにつき他の法律に特別の規定があるもの及び我が国に居住する外国人を専ら対象とするものを除く。）は、専修学校とする」とある。

専修学校のうち、専門課程を置いているものが専門学校を称することができる。一条校に加えて専修学校・専門学校が福沢諭吉のいうところの実学におよそ相当すると考えられる。

昨今、価値観、働き方、職場、社会において、ダイバーシティ（Diversity 多様性）の重要性が唱えられている。高度経済成長時に求められた単線的な生き方、働き方、生涯、社会ではなく、現在は教育、学校、職業の多様性が求められ、また、その多様性の意義がなお一層高まっている。

実際に、学校卒業後に専攻とは異なる林業や漁業あるいは社会福祉のＮＰＯ法人に就職し、その仕事を通して町おこしに携わっている若者や、大企業を辞めて農業等へ転職した人も少なくない。このように極端でなくとも、まったく教養的な社会の知識を持たぬまま、専門知識ばかりに埋もれてきた学生が、会社に入ってから困るケースも増えている。学校教育に限らず、広く人づくりと職業に関して、多様性、総合性、実学を重んじる必要性があるのではないか。

このような学における多様性の意義が高まる時代にあって、専門学校は特にその実学で社会に貢献する使命があり、専門技術者を養成するという大きな役割を担っている。

筆者は縁あって学校法人日美学園日本美容専門学校の校長を務めている。同校は初代理事長の網倉妃葉子氏によって昭和二十九年（一九五四）に設立され、初代校長の慶応義塾大学文学部教授の奥野信太郎氏が「美容を通じて近代の叡智を築く」、「日美は美容界の適塾たれ」という建学の精神を掲げた。四代目校長の東京大学名誉教授であった今道友信氏は哲学、美学、倫理学の世界的な権威で、特に「生圏倫理学エコエティカ」を唱えたことで知られる。筆者はＮＰＯ法人企業社会責任フォーラムを主宰し、ともにシンポジウムで講演するなど親交の機会をいただき、その深遠な哲学の一端にふれることができた。

筆者はかつて私淑する吉田松陰の評伝を執筆し、経営の神様の松下幸之助に人づくりと経営を学んだこともあり、緒方洪庵と適塾にも関心を寄せ、同校で二十年近く年に一度の適塾の講義をし、また、同校の行動規範の策定や社会責任レポートの作成にも携わった。

そのような経緯で、今道先生の後を継いで同校の校長に就任したのだが、本年で創立六十周年を迎え、その記念事業の一つとして本書を執筆し出版することになった。

今道先生はアリストテレスをはじめとする西洋哲学を本分としながらも東洋思想にも深く、また、美学をも専門とする。その今道先生が美容に携わる職業人を「美の実践者」と唱え、その実践美学の意義を称えた。

筆者は美の実践者の社会的責任を考究し、「日美は美容界の適塾たれ」という建学の精神を現在に説き、将来につなぐことを任じている。

また、企業と地方公共団体等の経営を指導・助言する仕事を通じて、利を追うことなく志に基づき、個人・法人の使命感と倫理・責任を全うすることの大切さを痛感しており、このことも松陰とともに洪庵に学んだ。

執筆にあたっては、『緒方洪庵全集』、梅溪昇『緒方洪庵と適塾』、芝哲夫『適塾の謎』、米田該典『洪庵のくすり箱』（以上大阪大学出版会）、緒方富雄『蘭学のころ』（弘文社）、『緒方洪庵伝』（岩波書店）、梅溪昇『洪庵・適塾の研究』、『続　洪庵・適塾の研究』（思文閣出版）、伴忠康『適塾をめぐる人々』（創元社）、古西義磨『緒方洪庵と大阪の除痘館』（東方出版）、『適塾』（適塾記念会）等の基本文献のほか、福沢諭吉をはじめとする門人の全集や評伝・研究書を参考にし、一般的な事績として確認でき認められると思われる事項を書き留め、引用させていただいている。洪庵等の手紙については、緒方富雄・梅渓昇・適塾記念会編『緒方洪庵のてがみ』その一〜その五（菜根出版）に拠る。

本文では読みやすさを考慮し、引用箇所や参考文献を注記しなかったが、関心のある方は直接原典にあたっていただきたい。やはりインターネットによる検索は便利で、誤りや不明な資料も少なくないが、調査研究の手がかりをつかむには大いに役立つ。入手し手元に置いておきたい書籍はいつもお世話になっている銀座教文館で手早く用意いただき、吉田松陰以来頼りにしている山口県徳山市のマツノ書店には同書店専門の幕末維新・長州関係の復刻本に助けられた。本書で紹介した私塾や門人等の史跡や記念館の資料は貴重なものである。また、何より豊富な文献を無料で読むことができるのが、国立国会図書館である（税金で運営されているので決してただというわけではないが）。ただ、閉架式であるため書籍は申請から届くまで二十分ほどかかり、且つ一回に三冊まで、さらに十九時で閉館というのが実に難義で、システム上致し方ないとわかりつつも、開架を自由に跋渉できればとも思った次第である。そのような時には、適塾で黒田公の洋書を塾生総がかりで筆写した風景を思い出し、また、長与専斎が「字書を坐右に控え原本にて書を読むことを得ば天下の愉快ならん」と言い合ったことを思い出し、現代と自らの贅沢さを自らに言い聞かせつつ、適塾生・当時の洋学者の苦労を偲んだ。余談だが、同時に大英博物館図書室（図書館、開架式の図書閲覧室）でカール・マルクスが『資本論』を執筆し、南方熊楠が働きながら読書し、福沢諭吉が『西洋事情』で近代的図書館制度を紹介したことにも思い至った。

執筆の際は原典にあたり出所を確認したが、調べ尽くせず不明な事項もあり（ペリー来航時に象山は浦賀に松陰を引き連れ、また、斐三郎を引き連れたことは事実であろうが、松陰と斐三郎が一緒であったことは確認できなかった。この三者が黒船を前に共に国難を論じていたとすれば、実に史実の妙といえる）、およそ確認できたことを記述したが、誤りがあるかもしれず（和暦と洋歴の対照、元号改正前後年の重なりや日付の違いも表記に悩んだ）、ご教示いただきたい。

本書の執筆と出版にあたっては、このような機会を与えていただいた学校法人日美学園日本美容専門学校理事長の網蔵卓爾氏と校正・編集の労をおかけした昭和堂の鈴木了市氏、小川愛氏に深く感謝申し上げる。

司馬遼太郎は小学国語五年の教科書で『洪庵のたいまつ』と題して、美しい生涯を送った緒方洪庵を描いている。本書が洪庵のたいまつの火を受け継ぐものとなれば、幸いである。

（平成二十六年六月十六日）

■著者紹介

阿部博人（あべひろと）

現在　株式会社公共ファイナンス研究所代表取締役、NPO法人企業社会責任フォーラム代表理事、学校法人日美学園日本美容専門学校校長

1960年　北海道生まれ

1983年　北海道大学法学部卒業、松下政経塾入塾

1986年　松下政経塾修塾（松下政経塾第4期生）

2010年　東洋大学大学院経済学研究科公民連携専攻修士課程修了（経済学修士）

著書に『松下幸之助の実学』（廣済堂出版1998）『はじめに志ありき－明治に先駆けた男 吉田松陰』（致知出版社1998）『南方熊楠を知っていますか？－宇宙すべてをとらえた男』（サンマーク出版2000）『神を知り生き方を知る－大いなるものとの出会いを訪ねて』（サンマーク出版2002）『君子財を愛すこれを取るに道あり－企業倫理の確立こそエクセレントカンパニーへの道である』（致知出版社2003）『はじめての宗教』（共著、栄光2005）『ISO26000－社会的責任に関する手引き　実践ガイド』（共著、中央経済社2011）など

緒方洪庵と適塾の門弟たち――人を育て国を創る

2014年10月26日　初版第1刷発行

著　者　阿部博人

発行者　齊藤万壽子

〒606-8224　京都市左京区北白川京大農学部前
発行所　株式会社　昭和堂
振替口座　01060-5-9347
TEL（075）706-8818／FAX（075）706-8878

印刷　中村印刷

ISBN978-4-8122-1422-0

＊乱丁・落丁本はお取り替えいたします。
Printed in Japan